MANIPULATION

ICH FÜHRE DICH

~

Die 7 wirkungsvollsten Techniken um genau das zu bekommen was Sie wollen

Florian Thiem

Für Fragen und Anregungen:
Just Smart Products
info@justsmartproducts.de

Manipulation – Ich führe dich
2.Auflage 2019
© by GbR: Julian Möller & Fabian Möller
Endenicher Str. 302, 53121 Bonn

Ein Imprint der
JSP
GbR - Julian Möller & Fabian Möller
Endenicher Str. 302, 53121 Bonn
Verantwortlich für gewerbliche Dienste.

Buchsatz: Julian Möller
Illustration: creativelog & rk_design
Cover: www.thinkstockphotos.de

ISBN: 9781795639941

Inhaltsverzeichnis

1 Manipulation und ihre Bedeutung

Der letzte Blick ins Lateinheft liegt bereits einige Jahre zurück, doch hilft ungemein, um dem ursprünglichen Sinngehalt von Manipulation auf den Zahn zu fühlen. Zwei Vokabeln, für die Sie keinen Leistungskurs besucht haben müssen - nämlich „manus“ (Hand) und „plere“ (füllen) - setzen sich zusammen zu einem Terminus, der wortwörtlich übersetzt „Handhabung“ bedeutet.

Treffender könnte diese Wortschöpfung allerdings auch nicht sein - Manipulation meint die Handhabung einer Person durch fremde Einflüsse und somit das kontrollierte Eindringen in dessen Verhaltensmuster, Charakteristika, Aktionen oder Emotionen. Außenstehende können quasi unbemerkt in jeder Hinsicht beeinflusst werden.

Der Manipulator ist eine Person, die jede Chance nutzt, um in die Gefühlswelt von anderen einzudringen. Dadurch kann er erhebliche Schäden anrichten, welche nicht das Ziel dieses Buches widerspiegeln sollen. Mehr geht es darum, gewisse Muster zu durchschauen und zu durchbrechen, um sich selber gewisse Vorteile im Leben zu verschaffen, basierend auf rein psychologischen Tricks, ohne dabei Menschen zu verletzen.

Wenige Begriffe erzeugen solch vielfältige Reaktionen, wie das Wort Manipulation. Es überrascht nicht, dass dieser Begriff ganz spontan eher negativ konnotiert ist. Manipulation? Das klingt nach Gedankenübername, nach Kontrolle wider Willen und nach unlauterer Einflussnahme.

Aus einer anderen Perspektive betrachtet, ergibt sich allerdings ein anders Bild. Manipulation bedeutet letztlich nichts weiter als Einflussnahme. Muss das aber immer negativ sein?

Im Rahmen dieses Ratgebers werden wir Manipulation – ganz ohne Wertung – von vielen Seiten betrachten. Es ist daher hilfreich, beim Lesen dieses Buches zu versuchen, Manipulation als einen ganz natürlichen Prozess zu betrachten, der ein Bestandteil von Kommunikation und Interaktion ist, vom Zusammenleben, und von Gemeinschaft ganz allgemein.

Wir werden Bereiche erleben, in denen Manipulation völlig unvermeidlich ist. Wir werfen einen Blick auf Manipulation mit eindeutig bösartiger Motivation, und wir schauen gleichsam unvoreingenommen auf Manipulation in Fällen, wo keine bösen Absichten vorhanden sind. Am Ende sollen wir lernen, mit Manipulation auf ganz natürliche Weise umzugehen – im Falle der bösartigen Manipulation werden wir jedoch vor allem untersuchen, wie man sich davor schützen kann.

Ich werde im Zuge der Auseinandersetzung mit Manipulation mit einigen Vorurteilen aufräumen, und Ihnen dabei helfen, mit Manipulation als einem weiteren unter vielen zur Verfügung stehenden Kommunikationsmitteln umzugehen.

1.1 Warum wird Manipulation überhaupt so negativ gesehen?

Manipulation, so wie sie in diesem Ratgeber behandelt wird, ist eine Kunst, die – wie jede andere Form einer Expertise – gelernt, geübt, trainiert und perfektioniert werden kann. Es ist aber auch möglich, Manipulation völlig ohne Übung zu verwenden, ohne Kenntnis der Auswirkung und ohne ein Verständnis dafür, welche

Konsequenzen diese Form der Manipulation haben kann. Diese Form der Manipulation ist weder berechnend noch konstruktiv, sie wird mehr oder weniger automatisch ausgeführt. Sie wird von Menschen verwendet, die sich wenig Gedanken darüber machen – meist sogar von Menschen, die ganz allgemein wenig nachdenken über ihr Leben, ihr Dasein und über ihre Wirkung auf andere Menschen.

1.2 Die alltägliche Manipulation

Sowohl im Privatleben als auch in der Berufswelt sind Sie Manipulationen tagtäglich ausgesetzt. Allerdings können Sie diese Kunst durch nur ein paar Handgriffe ebenfalls gekonnt einsetzen, um Ihre Ziele zu verfolgen. Anders sieht es in Bezug auf Konsumverhalten und Werbung aus: Hier können Sie jedoch sämtliche Tricks und Lügen durchschauen und somit Ihr Portemonnaie schonen.

1.3 Der Einfluss der Werbebranche

In Ihrem Alltag tritt Manipulation aufgrund großer Konzerne andauernd auf - nichtsdestotrotz treffen einige Werbemaßnahmen sogar unseren Nerv, sodass wir unsere Weltanschauungen und Standpunkte darin wiederkennen. Dieser Wiedererkennungswert hängt häufig damit zusammen, dass wir von Kindheitstagen an durch die Medien mit Werbung vertraut gemacht werden - eine weitere Form der Manipulation. Da es sich dabei allerdings nicht um private Personen handelt, die einen kontrollieren möchten, nehmen wir niemandem diese Manipulation krumm. Trotzdem ist es sinnvoll, die Strategien zu durchschauen, um für sich unabhängig entscheiden zu können, ob man diesen Glauben schenkt oder nicht.

Aber nicht nur der Handel, sondern auch die Gastronomie bietet sich als hervorragendes Beispiel für die Beeinflussung unserer Entscheidungen in Bezug auf unser Konsumentenverhalten an. Den menschlichen Sinnen werden bestimmte Reize gesetzt, um eine beabsichtigte Reaktion auszulösen; gesteuert wird dies durch eine gewisse Optik und Lichteinflüsse als auch durch die Musik im Geschäft, Produktplatzierungen sowie das Auftreten des Personals. Sogar die Welt der Gerüche wird von der Werbebranche eingesetzt, um unser Kaufverhalten gezielt zu manipulieren. Hierauf werden wir aber im weiteren Verlauf des Buches noch genauer eingehen. Das Resultat dieser Vorgehensweise ist letztlich: Der Kunde greift so häufiger zu überteuerter Ware.

Dieses Exempel dürfte Ihnen sehr bekannt vorkommen - nicht, weil Sie zwingend ein Elternteil sein müssen, sondern weil Sie einst ein Kind waren: Viele Supermärkte zielen nämlich auf die Bedürfnisse der Kleinsten ab, um den Großen das Geld aus der Tasche zu ziehen. Gemeint sind die Süßigkeiten im Kassenbereich, - nicht ohne Grund auch als Quengelgasse bekannt - welche mutwillig auf der Augenhöhe der jungen Kunden aufgestellt werden und so den Geduldsfaden und schließlich das Portemonnaie der Erwachsenen ordentlich strapazieren. Im Endeffekt landen Schokoriegel, Bonbons usw. schneller auf dem Fließband, als Sie „Milky Way" sagen können.

Die Werbung nutzt die sogenannte „AIDA"-Formel, um Menschen durch Reklame im Fernsehen, Radio, Internet oder auf Plakaten zum Kauf Ihres Produktes anzuregen. Vier bestimmte Funktionen, die eine gelungene Werbung eines Produkts erwirken sollte, werden durch diesen Grundsatz ausgedrückt:

- **A**ttention (=Aufmerksamkeit)

- **I**nterest (=Interesse)

- **D**esire (=Verlangen)

- **A**ction (=Handlung)

Diese Schlagwörter lassen sich interessanterweise auch perfekt bei der Manipulation im gewöhnlichen Alltag - ganz gleich ob im Berufs- oder Privatleben - einsetzen. Vorausgesetzt, Sie möchten die Strippen ziehen und dass Ihnen die Menschen aus der Hand fressen.

1.4 Die Funktion von Manipulation in Bezug auf Beruf/ Privat / Beziehung

Die oben genannte Formel in der Werbung anzuwenden ist kein schwerer Akt. Reklame wird für üblich so konzipiert, dass sie Aufmerksamkeit und Interesse in Ihnen weckt. Sie fühlen sich angesprochen, möchten das Produkt besitzen und schlagen schließlich im Geschäft zu. Doch zu Recht fragen Sie sich, wie Sie dieses Schema auf Menschen anwenden sollen. Gerne erklärt dieses Buch es Ihnen, anhand eines Beispiels zu jeder der Begrifflichkeiten:

Attention:

Der Manipulator erhascht Ihre Aufmerksamkeit, beispielsweise durch eine zuvorkommende Geste oder ein Kompliment, welches nicht zwangsläufig seiner ehrlichen Meinung entsprechen muss.

Interest:

Selbstverständlich horchen Sie durch die offensichtliche Höflichkeit auf; Sie halten Ihr Gegenüber für sympathisch. Der Manipulator legt möglicherweise sogar noch einen drauf, um Sie komplett um seinen Finger zu wickeln, indem er beeindruckende Details aus seinem Leben präsentiert, die interessanterweise genau Ihren Nerv treffen, beispielsweise eine Weltreise oder ein Sportwagen.

Desire:

Es ist soweit: Sie möchten mehr erfahren und am besten eine gute Freundschaft mit dem Manipulator eingehen. Sie schätzen die Person als kompetent und aufregend ein, und Ihnen kommt gar nicht in den Sinn, dass Ihr Gegenüber Sie eventuell nur blenden könnte. Ihre eigenen Bedürfnisse geraten darüber hinaus zunehmend in den Hintergrund.

Action:

Im Geschäft erfolgt der vierte und ausschlaggebendste Schritt durch den Kauf einer Ware kurz und schmerzlos, aber auch einseitig. Unter den gegebenen Umständen kann die Handlung jedoch wie eine Falle zuschnappen, da sich der Manipulator Zugang zu Ihren Emotionen verschafft hat und ab sofort dafür sorgen kann, Ihr Verlangen nicht vollständig zu stillen und eine gewisse Abhängigkeit in Ihrem Kopf zu kreieren.

Grundsätzlich tritt Manipulation im alltäglichen Leben bei sämtlichem zwischenmenschlichen Kontakt in einem angemessenen Verhältnis auf. In den häufigsten Fällen ist ausschlaggebend, welcher Personenkreis davon betroffen ist. Im Berufsleben können wir einfacher mit Manipulation umgehen, da wir uns nicht persönlich angegriffen fühlen. Dass der Chef beispielsweise zu gewissen Tricks und Techniken greift, um Erfolge zu erzielen, können die Angestellten leichter nachempfinden.

Personen in Machtpositionen sind der manipulativen Sprache meistens mächtig und haben dieser Ihre angesehene Stellung zu verdanken. Dies kann zwar zu verheerenden Ausmaßen führen - wie zum Beispiel durch die Massenpropaganda im Dritten Reich. Im Grunde geht die Manipulation im Berufsleben allerdings in den üblichen Angelegenheiten nicht über eine großzügigere Vergütung hinaus.

o

2 Menschen durch bestimmte Techniken gezielt beeinflussen

Sie konnten nun ein Eindruck bekommen, wie Manipulation im Alltag zu Stande kommt und erkannt werden kann. Als genauso interessant entpuppt sich allerdings die eigene, manipulative Vorgehensweise - vor allem im Job oder auf der Partnersuche.

Dazu sollte Ihnen jedoch in jedem Fall bewusst sein, dass Manipulation nicht der maßlosen und abfälligen Kontrolle einer Person dienen, sondern schlichtweg als Stütze bei komplizierten Sachverhalten unter die Arme greifen sollte. Das Fundament gekonnter Beeinflussung wird durch zwei essenzielle Hauptaugenmerke gelegt: Durch Sprachgewandtheit vermengt mit einer gehörigen Prise Selbstbewusstsein werden Sie sich bestmöglich verkaufen können.

Artikulation bedacht einzusetzen - oder auch auszusetzen - hilft sowohl Politikern als auch dem Verkäufer im Autohaus; wieso also auch nicht Ihnen? Die Sprache macht gerade mal ein Drittel der Kommunikation aus, während der Inhalt des Gesagten grade mal bei neun Prozent liegt.

Strahlen Sie zudem Selbstsicherheit aus, in dem Sie mit sich völlig im Reinen sind und auf Ihre Fähigkeiten problemlos vertrauen können. Sie werden fremden Personen eine Aura präsentieren, die andere automatisch in Ihren Bann zieht.

Stehen Sie immer zu Ihren Worten und hinter Ihren Handlungen, um Professionalität auszustrahlen und zeigen Sie dies bei jeder Möglichkeit, die sich Ihnen bietet - selbst wenn Sie mit einer Tatsache falsch liegen oder sich die Meinung enorm von der

Ansicht Ihres Gesprächspartners unterscheidet.Ihr Mantra muss lauten: Jetzt erst recht!

Denken Sie immer daran: Die Körpersprache trägt enorm viel zu einer ausgezeichneten und überzeugenden Ausstrahlung bei - sie sagt mehr als tausend Worte. Achten Sie auf eine offene Körperhaltung und vermeiden Sie verschränkte Arme oder Beine. Zeigen Sie Selbstbewusstsein durch die klassische „Bauch rein, Brust raus"-Stellung. Halten Sie die meiste Zeit über Blickkontakt mit Ihren Gesprächspartnern und setzen Sie Ihr schönstes - und aufrichtigstes - Lächeln ein, welches man nicht nur Ihren Lippen, sondern auch Ihren Augen entnehmen kann.

Wenn Sie den Anschein erwecken, dass ein ernstes Interesse an dem Leben Ihres Gegenübers besteht, haben Sie alles richtig gemacht. Sie können dafür neben Gestik und Mimik auch Komplimente nutzen oder Ihren Gesprächspartner am Arm drücken.

Ein weiterer Tipp: Erwähnen Sie häufig - circa alle drei bis vier Sätze - dessen Namen, indem Sie ihn an das Gesagte dran hängen. Dieser kleine Trick entfacht große Auswirkungen und sorgt bei Ihrem Gegenüber für Vertrautheit und Sympathie.

Die Hauptsache ist, dass Sie so überzeugend wie möglich am Leben der anderen Person teilhaben, wenn Sie dessen Gunst gewinnen möchten. Für alle restlichen Belange hat dieses Buch die folgenden Techniken und Ratschläge parat.

2.1 Die 7 Manipulationstechniken

2.1.1 Der Benjamin-Franklin-Effekt

Es gibt eine psychologische Erkenntnis, die zunächst im Widerspruch zu bekannten Lehren zu stehen scheint. Die aus der Bibel bekannte „Goldene Regel“ besagt: „Alles nun, was ihr wollt, das euch die Leute tun sollen, das tut ihnen auch!“ (Matthäus 7,12). Die scheinbare Umkehrung hierzu besagt, dass Sie einem Menschen sympathisch oder sympathischer werden, wenn Sie diesen um kleine Gefälligkeiten bitten.

Der amerikanische Erfinder Benjamin Franklin zählt bis heute zu einem inspirierenden Mensch der Geschichte und genießt nicht umsonst den Ruf als einer der gutherzigsten Gründerväter der USA. Insbesondere sein Wohlwollen hat sich in den Köpfen der Menschen eingeprägt und schließlich sogar zu der Namensvergabe für eine wichtige Manipulationstechnik geführt. Der Legende nach hatte Benjamin Franklin einen Gegner auf der politischen Ebene, der ihm insbesondere persönlich Feind zu sein schien. Um diese Abneigung aufzubrechen, bat Franklin ihn, ihm ein bestimmtes Buch auszuleihen. Dies war der Startschuss für das Ende der Feindseligkeiten.

Spätere Untersuchungen bestätigten, dass Menschen sich zu einem anderen Menschen, der um Hilfe oder Unterstützung bittet, auf persönlicher Ebene hingezogen fühlen. Daraus wurde die allgemeine Regel gestaltet, die heute als Benjamin-Franklin-Effekt bekannt ist. Bitten Sie also Ihre Kollegen, Freunde, Nachbarn und Vereinskameraden ab und zu um kleine Dinge. Sie werden in der unbewussten Wahrnehmung Sympathiepunkte sammeln, und was Sie sagen, wird automatisch mehr Gewicht erhalten.

Die Devise lautet also: „Eine Hand wäscht die andere!". Von anderen einen Gefallen zu fordern, um dadurch sympathischer zu wirken, hört sich zwar auf den ersten Blick paradox an - immerhin möchten Sie eine Leistung vom Gegenüber erwirken und werden diesem dadurch Mühe machen. Allerdings setzen Sie auf einen evolutionsbedingten Faktor, nämlich erstens, dass Menschen gebraucht werden wollen, um sich relevant zu fühlen, und zweitens, das Bedürfnis nach einem harmonischen Zusammenleben. Die Konsequenz daraus: Wir erscheinen dadurch liebenswürdiger.

Diesen Effekt nennt man auch kognitive Dissonanz - der Vergleich mit Franklin ist jedoch zugegebenermaßen malerischer und dadurch einprägsamer. Die Technik funktioniert übrigens doppelt. Ihr Gegenüber findet Sie nicht einfach nur sympathischer, sondern ist sogar dafür offen, Ihnen erneut eine Gefälligkeit zu erweisen.

Take-Away:

Auf einen Gefallen folgt sogleich ein zweiter: Bitten Sie Ihre Mitmenschen um Hilfe und Sie werden ein Lächeln ernten. Man wird Sie als überaus freundlich einstufen und Ihnen gerne Ihre Last abnehmen – egal ob auf der Arbeit oder im Haushalt.

2.1.2 Die Sonderbar-Technik

Manipulation dient im Grunde insbesondere dazu, einen Mehrwert aus seinen Errungenschaften zu ziehen. Dass Selbstbewusstsein an erster Stelle steht, ist Ihnen mittlerweile bekannt. Bevor Sie jedoch zum Manipulator aufsteigen können, müssen Ihnen überhaupt erst mal Ihre Absichten und Ziele bewusst sein. Sich zu nehmen, was man möchte, funktioniert anschließend beinahe kinderleicht - wenn man die passenden Fertigkeiten beherrscht.

Es hört sich dementsprechend auch relativ einfach an, die Sonderbar-Technik einzusetzen. Doch nur solange Sie strikte Forderungen auf korrektem Wege formulieren, machen Sie damit partout nichts falsch.

Es ist nicht nur wichtig, sondern fundamental, dass Sie Ihr Gegenüber mit Respekt behandeln und dies auch spüren lassen. Legen Sie also immer den Fokus darauf, dass sich die Person, die in unablässiger Verbindung zu Ihrem Ziel steht, gebraucht und nicht ausgenutzt oder gar überanstrengt fühlt. Ansonsten haben Sie schnell den Ruf eines lästigen Mitmenschen weg.

Damit andere Personen in Ihre Forderungen einwilligen, brauchen Sie nur ein paar kleine psychologische Tricks zu beherzigen, die sich zur Sonderbar-Technik zusammenfassen lassen.

Erkennen Sie Ihr eigentliches Anliegen und wenden Sie sich der Person zu, die als Mittel zum Zweck dienen würde und nutzen Sie folgendes paradoxes Stilmittel: Verharmlosen Sie Ihre Forderung, indem Sie vorerst zu einer übertriebenen Version greifen, welche jedoch weder in Ihrem eigentlichen Interesse liegt noch von Ihrem Gegenüber abgesegnet werden würde. Ihre originale Idee schieben Sie hinterher - und Sie werden merken, dass andere Personen viel empfänglicher dafür sein werden. Das liegt daran, dass die neue - Ihre Ausgangsforderung - nicht so übertrieben wie der Vorwand ist und dadurch als harmloser eingestuft wird. Stellen Sie sich dies wie folgt vor:

Sie möchten einen Berufsgenossen zu einer Nachtschicht überreden, die Ihnen aufgetragen wurde. Sie wollten an diesem Abend eigentlich mit Freunden ausgehen und daher diese Schicht ungerne antreten. Ein Tausch erweist sich bei der unbeliebten Arbeitszeit jedoch als schwierig. Sie haben sich zwei Formulierungen überlegt, die Ihren Arbeitskollegen überzeugen werden.

Die zuerst gestellte, übertriebene Forderung lautet:

„Würdest Du mit mir den Arbeitsplan komplett wechseln? Dann könnte ich immer tagsüber die Schichten übernehmen und Du hättest nicht mehr stetig dieselben Tätigkeiten auszuüben."

Die zweite, zu erzielende Forderung lautet:

„Könntest Du mir dann eventuell an diesem einen Abend aushelfen? Ich habe festgestellt, dass ich in letzter Zeit nicht sehr konzentriert bin und möchte mir keine Probleme einhandeln."

Dank der anfänglichen Maßlosigkeit wird Ihr Arbeitskollege viel offener auf die zweite Anfrage reagieren.

Für einen ähnlichen Effekt können Sie auch andere „merkwürdige" Fragen stellen, die Ihr Gegenüber unangenehm überraschen könnten. Vor allem bei Fremden funktioniert diese Version der Technik ergebnisreich. Dazu brauchen Sie lediglich mit leicht zu beantwortenden Fragen in Gespräche einzusteigen, um dem Gegenüber das Gefühl zu vermitteln, gebraucht zu werden, aber auch um die anerzogene Höflichkeit auszunutzen und so beabsichtigt eine Vertrautheit in der anderen Person zu erzeugen. Darunter können Kleinigkeiten - wie die Frage nach der Uhrzeit - fallen: Hauptsache das Anliegen macht keine Umstände und fühlt sich für beide Parteien arglos an.

In der Sekunde, in der Ihr Gesprächspartner auf Ihre Auskunft geantwortet hat, steigt die Wahrscheinlichkeit enorm an, dass

Ihnen ein erneuter Gefallen getan wird. Die menschliche Psyche funktioniert nämlich so, dass sich der Fremde danach fühlt, als wären Sie sich bereits länger bekannt. Sie können sich das folgendermaßen vorstellen:

Sie bemerken auf dem Weg zum Bahnhof, dass Sie sich um 1,75 Euro in der Geldbörse verzählt haben, doch ohne Ticket können Sie nicht zu Ihrer Arbeitsstelle kommen. Die nächste Bank ist allerdings ein gutes Stück entfernt und würde Ihnen zeitlich einige Einbußen einbringen. Wie nicht anders erwartet stehen einige Personen in der Nähe der Ticketautomaten, also sprechen Sie einfach einen dieser Mitmenschen lächelnd an, während Sie sich in die Schlange einreihen.

Die erste Frage, um Vertrauen aufzubauen:

„Entschuldigen Sie bitte, aber wären Sie so freundlich und könnten mir die Uhrzeit nennen?“

Die zweite Frage, um das eigentliche Ziel zu erreichen:

„Tut mir leid, dass ich erneut und so unverfroren frage, aber könnten Sie mir eventuell mit 1,75 Euro weiterhelfen? Ich habe versehentlich zu wenig Geld für ein Ticket mitgenommen.”

Da Sie zuvor eine Beziehung zu Ihrem Gegenüber aufgebaut haben, wird dieser Ihnen mit hoher Wahrscheinlichkeit bei nebensächlichen Forderungen aushelfen.

Take-Away:

Indem Sie vor Ihre eigentlichen Forderungen sonderbare Fragen setzen, die andere Personen entweder abschlagen werden oder leicht beantworten können, ist die Aussicht auf Erfolg gegeben. Bleiben Sie dabei allerdings stets freundlich und respektvoll - andernfalls werden diese Ratschläge in die Hose gehen.

2.1.3 Die Door-In-The-Face-Technik

Für diese Strategie sollten Sie sich im Vorfeld etwas Überzeugungskraft und Überredungskunst aneignen. Die Door-In-The-Face-Technik ist im Grunde nichts anderes, als eine clevere als auch vornehmere Weise, um standhaft zu bleiben und somit kein „Nein“ akzeptieren zu müssen.

Des Weiteren können Sie Personen dazu bringen, Tätigkeiten auszuüben, die normalerweise gar nicht von Ihnen gefordert werden und somit die Bereitschaft anderer Menschen ausreizen.

Eins vorab: Der Mensch ist ein soziales Wesen, welchem eine Bejahung schneller über die Lippen kommt als eine Verneinung. Die Schwelle, um sich für Letzteres zu überwinden, ist schlichtweg höher. Es bereitet zu viel Mühe, sich für ein „Nein“ rechtfertigen zu müssen - und mit diesem Wissen können Sie nun (fast) alles erreichen, was Sie möchten.

Diese Methode erleben Sie im Übrigen häufiger, als Ihnen möglicherweise bewusst ist. So nutzen Spendenorganisationen oder Zeitungspromoter in der Fußgängerzone eben diese Technik, um Sie für ihre Ziele nicht einfach nur zu begeistern, sondern mit Absicht einen Zwang auszulösen.

Allerdings können Sie sich einiges davon abgucken und selber sowohl privat als auch im Berufsalltag einbauen. Diese soziale Beeinflussung können Sie in Etappen auslösen, um im Endeffekt ein großes Ganzes als Vorzug zu ergattern. Auch bei der Door-In-The-Face-Techniken stehen gewisse Forderungen im Vordergrund, diese werden jedoch anders gehandhabt als in der vorangegangenen Manipulationstechnik. Sie benötigen im Vorfeld eine Bitte, die nicht unüblich ist - sei es die Frage, ob Ihr Partner Ihnen im Haushalt unter die Arme greift oder der Gefallen, ob ein Kollege Ihnen etwas Arbeit abnimmt.

Soweit so gut; immerhin wäscht eine Hand ja bekanntlich die andere. Doch in diesem Fall wird eine Hand doppelt gewaschen - die manipulative Strategie setzt ein. Zahlreiche Studien haben bereits in den 70er Jahren erwiesen, dass die Bereitschaft des Menschen steigt, wenn er bereits einer Forderung zuvor nachgegangen ist. Dabei ist unerheblich, in welche Richtung das nachfolgende Anliegen geht - sie muss nicht im Bezug mit der Ausgangsforderung stehen.

Wenn Sie also Ihren Lebensgefährten danach fragen, ob Er oder Sie den Abwasch übernehmen könnte, haben Sie danach die Chance darauf, entweder noch mehr Haushaltsarbeit abzudrücken oder Hilfe in einer thematisch unabhängigen Angelegenheit zu bekommen. Nutzen Sie solche Situationen, um Ihr Gegenüber darum zu bitten, das Essen zu kochen, Ihnen Geld zu leihen usw.

Sehr ähnlich verhält sich diese Methode auch im Umgang mit den Arbeitskollegen: Sie bitten Ihre Kameraden zwischendurch womöglich um kleine Gefallen - und diese Sie auch. Nun können Sie diese allerdings ausbauen: Ganz gleich, ob Sie Arbeit abgeben oder tauschen wollen oder den geliebten Urlaubstag in der Weihnachtswoche ergattern wollen.

Untermalen Sie Ihre Forderungen außerdem mit Sätzen wie „Probieren Sie es doch erstmal aus“ oder verharmlosen Sie Anliegen mit Aussagen á la „Ist doch nur halb so wild“. Schieben Sie gerne die Möglichkeit hinterher, dass Ihr Gegenüber ja „immer noch „Nein“ sagen kann“. Behauptungen wie diese nutzen Erwachsene gerne auch bei der Erziehung Ihrer Kinder - also wieso sollten Sie sich nicht Ihre Umwelt zurechterziehen?

Take-Away:

Sie haben bislang erfahren, dass Menschen zum einen gebraucht werden wollen und zum anderen Gefallen nicht besonders gut abschlagen können. Setzen Sie genau an dieser Stelle an, um Ihre eigenen Wünsche zu erfüllen - das richtige Timing ist Gold wert.

2.1.4 Die Last-Minute-Technik

Erledigungen auf den letzten Drücker zu besorgen, kann im Alltag von Vorteil sein: Vergünstigungen bei der Urlaubsplanung oder Rabattierungen von technischen Auslaufmodellen sind nur zwei von üblichen Konsumtatsachen, die das Schnäppchenherz höherschlagen lassen - und zählen zu den manipulativen Verkaufsstrategien der Hersteller. Die Vorzüge können Sie dennoch genießen, wenn Sie als Voraussetzungen Geduld und psychische Stabilität mitbringen.

Die Last-Minute-Technik dieses Ratgebers funktioniert ähnlich, erzielt allerdings andere Vorteile - immerhin geht es Ihnen nicht darum, Umsätze und Verkaufszahlen zu bewerkstelligen. Insbesondere im Berufsleben kann diese Methode dabei helfen, die Lebensqualität enorm zu steigern. Immerhin spielt an dieser Stelle vor Allem Geld eine wichtige Rolle.

Halten Sie sich folgendes Szenario vor Augen: Sie leisten überdurchschnittlich gute Arbeit und fänden eine Gehaltserhöhung wäre angebracht. Allerdings gehört solch ein Gespräch nicht unbedingt zu den Dingen auf der To-Do-Liste, die man mit Leichtigkeit bewältigen kann.

Dank dieses Ratgebers fällt Ihnen jedoch schnell eine Strategie ein, um Ihrem Ziel bestmöglich nachkommen zu können - Sie heben sich gekonnt hervor, und das unmittelbar bevor Sie eine

Konversation mit Ihrem Vorgesetzten anpeilen.

Sich in Szene zu setzen und von der Schokoladenseite zu präsentieren ist das A und O. Bewiesenermaßen reicht dies allerdings ein bis zwei Wochen vor der geplanten Beförderung absolut aus und Ihre neugewonnene Einstellung muss nicht die komplette Karriere begleiten. Äußern Sie Ihren Arbeitswillen nebst einer unverfrorenen Ausstrahlung durch diverse Aufmerksamkeiten, wie freiwillige Überstunden oder einem Kaffee für den Chef am Morgen.

Was die eine Personengruppe als „schleimen“ bezeichnen würde, kann Ihnen in diesem Fall mehr schwarze Zahlen auf dem Kontostand bescheren oder sogar zu einer höheren Position in der Firma führen. Anstatt des ersten Eindrucks ist es nämlich vor allem der letzte, der in den Köpfen hängen bleibt. Durch besondere, beinahe überzogene Arbeitsleistung wird demnach Ihr Engagement bestmöglich im Gedächtnis der Mitarbeiter und Vorgesetzten hängen bleiben.

Wagen sie sich nach etwa zehn Tagen getaner Musterarbeit an Ihre Forderung ran, begleitet von Fingerspitzengefühl und der richtigen Terminierung: Dekodieren Sie, zu welchen Uhrzeiten sich Ihr Vorgesetzter in einem überaus positiven Gemütszustand befindet. Einem Morgenmuffel sollte man unbedingt genügend Zeit zum Wachwerden geben, während der Frühaufsteher vor allem am Vormittag zur Höchstform aufläuft. Vermeiden Sie außerdem den Montag als mühsamen Wochenbeginn sowie den Freitag, da der Blick schon zu sehr auf das Wochenende gerichtet ist.

Wichtig ist selbstverständlich auch die Art und Weise, wie Sie im Gespräch auftreten: Formulieren Sie Ihr Anliegen konkret und selbstsicher, aber bloß nicht zu verbissen - erwähnen Sie die Gehaltserhöhung, als wäre sie etwas Belangloses, um keine

Alarmglocken in Ihrem Chef auszulösen. Sorgen Sie für eine entspannte Atmosphäre, damit Ihr Gegenüber Ihrer Forderung genauso gelassen entgegenkommen kann und diese letzten Endes akzeptiert.

Take-Away:

Denken Sie also daran, sich ins beste Licht zu rücken, sobald Sie sich kurz vor Ablauf einer bestimmten Periode mächtig ins Zeug legen. Ihr Umfeld wird automatisch denken, dass Sie ständig so leistungsfähig sind, egal wie sehr Sie sich zuvor auf die faule Haut gelegt haben.

2.1.5 Der Priming-Effekt

Das sogenannte „Priming“ wird ebenfalls geradewegs aus dem Englischen ins Deutsche übertragen und meint wörtlich übersetzt „Vorbereitung“ oder „Grundierung“. Man spricht in diesem Fall von der bewussten Beeinflussung von Kerngedanken und Weltanschauungen, indem man die in Ihrem Unterbewusstsein schlummernden Informationen durch bestimmte Kniffe zu neuen Assoziationen verleitet und schlussendlich aktiviert. Das menschliche Gehirn denkt nämlich in Schubladen, um Informationen einfacher sortieren und verarbeiten zu können.

Gespräche können sich beispielsweise alleine durch die zuerst gestellte Frage in eine bestimmte Richtung anbahnen und somit kann bestimmt werden, ob kommende Aussagen des Gegenübers positiv oder negativ ausgelegt werden sollen. Dadurch werden Sie im Übrigen erkennen, dass der Mensch - natürlich im entferntesten Sinne - gar keine eigene Meinung haben muss, selbst wenn er in höchstem Maße darauf besteht. Aber nicht nur in diesem Zusammenhang, sondern auch aufgrund von visuellen, optischen oder weiteren Reizen, die unsere Sinnesorgane betreffen als auch durch Erinnerungen kann das Informationsverständnis des Gehirns grundlegend auf den Kopf stellen.

Als simples, aber gut erklärendes Beispiel dienen Farbassoziationen, die sich zwar selten in den Alltag einbauen lassen, aber ihren Zweck an dieser Stelle durchaus erfüllen.

Sie fragen Ihr Gegenüber nach der Farbe einer bestimmten Sache, beispielsweise von Schnee oder einem Papierbogen. Die Antwort müsste selbstredend „weiß" lauten. Fragen Sie anschließend erneut nach der Farbe eines weißen Objekts - und darauffolgend am besten nochmal.

Wenn Sie nun abschließend eine sinngemäß ganz andere Frage stellen, wird dessen Antwort zwar mit der Farbe „weiß" zu tun haben, die Information in sich aber inkorrekt sein. Erkundigen Sie sich also nach dem, was eine Kuh trinkt, werden Sie höchstwahrscheinlich „Milch" als Antwort erhalten.

Der erste Reiz löst beim Priming also einen indirekten Einfluss und je mehr Reize dieser Art folgen, desto effizienter erzwingen Sie den gewünschten Effekt.

Die Werbeindustrie dient wie so oft als Paradebeispiel: Prägt sich ein Konsumgut durch etwas Markantes - dies kann das Logo, der Name oder sogar eine Farbe sein - so maßgeblich in unser Gehirn ein, dass wir automatisch daran denken müssen, sobald ein Reiz gesetzt wurde, ist Priming geglückt.

Aus diesem Grund denken viele Menschen bei Äpfeln automatisch an Smartphones und bei Kola-Getränken insbesondere an Coca Cola.

Vor allem in Ihrem beruflichen Alltag kann Priming zur Bereicherung werden. Dadurch können Sie noch vor Ihrer eigentlichen Arbeit für Umsatzzahlen sorgen, indem Sie Ihre Arbeitsstelle von der besten Seite zeigen.

Große Firmen sorgen schon seit langem dafür, indem Sie potenziellen Kunden nicht nur eine makellose Außenfassade und Inneneinrichtung präsentieren, sondern auch mit Service überzeugen. Behandeln Sie zukünftige Abnehmer hochwertig: Glänzen Sie durch ein sauberes, optisch ansprechendes Büro, schütteln Sie die Hand, halten Sie Augenkontakt und bieten Sie etwas zu trinken an - so wird Ihr Gegenüber rasch auch das Angebot zu schätzen wissen, dass Sie Ihm unterbreiten möchten.

Take-Away:

Sorgen Sie unbedingt für das perfekte Drumherum, wenn Sie jemanden um den Finger wickeln möchten. Glänzen Sie nicht nur mit Gestik und Mimik, sondern auch mit Optik und schönen Formulierungen.

2.1.6 Der Halo-Effekt

Auch bei dieser Technik haben Sie es mit einem Anglizismus zu tun: „Halo“ bedeutet zu Deutsch nämlich Heiligenschein und meint in diesem Kontext eine fehlerhafte Urteilsgabe aufgrund einer hervorgehobenen, positiven Optik oder Eigenschaft. Nutzen Sie diesen Effekt zu Ihrem Vorteil, indem Sie sich auf ein bestimmtes Merkmal konzentrieren, welches Sie in das beste Licht rückt.

Vor allem im Berufsleben ist der Halo-Effekt kein seltener: Sie kennen es eventuell von optisch ansprechenden Menschen - ihnen scheint der Erfolg nur so zuzufliegen, während die anderen für jede kleinste Beförderung kämpfen müssen. Menschen schließen fast automatisch darauf, dass nicht nur die äußeren, sondern auch die inneren Werte wie Sympathie und Kompetenz hervorragend sein müssen.

Im schlimmsten Fall kann diese verfälschte Beurteilung einen fatalen Fehler für das Unternehmen bedeuten, denn häufig entsprechen die angenommenen Fähigkeiten überhaupt nicht der Wahrheit. Sie selber wiederum können einen erheblichen Nutzen daraus ziehen.

Natürlich bleibt dahingestellt, was genau als „schön" klassifiziert werden sollte. Und auch vermeintliche Makel wie eine Brille können zur Symbolik werden - Menschen assoziieren mit dem unliebsamen Nasenfahrrad nämlich automatisch Intelligenz und Cleverness. Allerdings muss es keine optische Komponente sein, welche das Gegenüber blendet.

Werden Sie sich daher über Ihre eigenen Besonderheiten, Talente und Merkmale bewusst, um Sie geschickt einzusetzen und in den Vordergrund zu rücken. So wird einem guten Läufer nachgesagt, in allen sportlichen Bereichen leistungsstark zu sein. Oder einer Person, die sich häufig frei Schnauze präsentiert, dass sie eine Menge Durchsetzungsvermögen und Dominanz besitzt.

Und genau aus diesem Grund trägt auch eine grundlegende, sympathische Ausstrahlung viel zum Berufs-, aber auch Privatleben bei: Man wird Sie mögen, und das bringt Ihnen im Umkehrschluss mehr Vor- als Nachteile ein - selbst wenn Sie Ihr Gegenüber nicht besonders gut leiden können.

Ein weiteres, treffendes Beispiel, um den Halo-Effekt gekonnt auszuüben, stellt das Selbstwertgefühl einer Person dar: Wenn Sie sich in Ihrer Haut grundsätzlich wohl fühlen und das auch ausstrahlen, werden andere Menschen Sie ebenfalls für schön als auch stark halten und Ihnen Respekt zollen, selbst wenn Sie keine Führungsposition besetzen. Diese Technik kann Ihnen übrigens auch im Privatleben, beispielsweise bei der Partnersuche, enorm weiterhelfen.

Betrachten Sie allerdings auch die andere Seite der Medaille und behalten Sie stets im Hinterkopf, dass auch andere Personen diese Technik beherzigen könnten – selbst wenn dies nur unterschwellig und unbewusst erfolgt. Insbesondere wohlhabende Menschen profilieren sich am liebsten durch ihr Geld und versuchen, ein großzügiges Bild von sich zu vermitteln. Allerdings macht dies nicht automatisch eine gute Seele aus; viele Außenstehende glauben dies aufgrund des Halo-Effekts aber trotzdem.

Das kann jedoch zur Folge haben, dass Menschen schnell auf falsche Freundschaften reinfallen. Eine Person, die sich großzügig verhält, möchte eines Tages eventuell eine Gegenleistung erhalten. Versuchen Sie daher sowohl im Privat-, als auch im Berufsleben wirklich das zu leisten, was Sie durch Ihren Halo-Effekt versprechen. Andernfalls kann es düster aussehen, wenn Ihre wahren Kompetenzen ans Licht kommen.

Take-Away:

Setzen Sie Ihre Vorzüge in Szene, um von Ihrem Umfeld als kompetent und beeindruckend angesehen zu werden. Insbesondere ein gepflegtes und modisches Auftreten sorgt für positive Effekte im Alltag. Doch auch die Betonung charakterlicher Merkmale kann Fremde dahingehend blenden, dass Sie die beste Wahl darstellen.

2.1.7 Der Chamäleon-Effekt

Sich zu verhalten wie das gleichnamige, wandlungsfähige Reptil kann zu erheblichen Vorteilen in Beruf- und Privatleben führen. Wir erkennen uns selbst in Menschen wieder, die sich ähnlich bewegen oder vergleichbar artikulieren - und das gefällt uns selbstverständlich.

Das Sprichwort „gleich und gleich gesellt sich gerne“ kommt immerhin nicht von ungefähr. Sie erreichen diese Ebene der zwischenmenschlichen Sympathie und Vertrautheit dadurch, Ihrem Gegenüber die ein oder andere Gestik, Mimik oder Körperhaltung abzugucken und somit der Harmonie auf die Sprünge zu helfen. Man unterteilt den Chamäleon-Effekt in drei Komponenten:

a) Pacing

Wenn Ihr Gesprächspartner gähnt und Sie damit ansteckt, ist dies ein evolutionsbedingtes Zeichen für Sympathie - „Pacing“ funktioniert nicht anders, nur dass Sie eben absichtlich Situationen imitieren, um das Vertrauen Ihres Gegenübers zu gewinnen. Der Terminus bedeutet zu Deutsch „anpassen“ und dürfte Ihnen dementsprechend aus dem Alltag schon längst bekannt vorkommen.

Mimik und Gestik stehen an dieser Stelle im Vordergrund - also sämtliche Bewegungen, im Gesicht oder durch die Hände, aber auch Sprachgebrauch, Stimmhöhe sowie Sprechgeschwindigkeit und -lautstärke sind nicht unerheblich.

Die bewusste Nachahmung dieser Faktoren, die auch Mikrogesten genannt werden, fordert nur einen minimalen Aufwand, kann allerdings zu neuen Freundschaften oder Erfolgen auf der Arbeit führen. Sie können sich das in etwa wie folgt vorstellen:

Sie haben ein Geschäftsessen. Nehmen Sie einen Schluck Wasser, sobald Ihr Gesprächspartner dies tut.

Bei einer romantischen Verabredung sollten Sie sich durch die Haare streichen, wenn es Ihr Gegenüber tut.

Sie sind auf einer Feier und merken, dass der Wortschatz Ihres Gegenübers sehr umgangssprachlich ist. Sie greifen ebenfalls zu lässigem Vokabular und lassen zu höfliche Floskeln zu Hause.

b) Matching

Das „Matching" ist nicht nur ein Begriff aus der Welt der Dating-Apps. In Puncto Manipulation meint diese Methode ebenfalls eine bestimmte Form der Angleichung - und ist dennoch nicht haargenau dasselbe wie das Pacing. Während nach dieser Methode insbesondere Gestik und Mimik, aber auch gewisse Handlungen imitiert werden, konzentriert sich das Matching schlichtweg auf die Körperhaltung, den Kleidungsstil und Ihren generellen Auftritt in der Öffentlichkeit. Folgende Sachverhalte werden Ihnen den Unterschied klar verdeutlichen:

Sie treffen - sei es im Büro oder aus privaten Gegebenheiten - auf eine schüchterne Person, der man Ihre Nervosität anmerkt. Nehmen Sie diesem Menschen die Angst, indem Sie Ihre offene und selbstbewusste Körperhaltung fürs Erste pausieren und ebenfalls mit zurückhaltenden Merkmalen wie überkreuzten Beinen oder Händen in den Hosentaschen auftreten.

Nicht alle Menschen stehen Fremden offenherzig gegenüber. Eine misstrauische Person, die womöglich nicht viel von dem Kontakt zu anderen hält und dies durch beispielsweise verschränkte Arme ausdrückt, können Sie dennoch beeindrucken: Imitieren Sie

Körperhaltung und Attitüde, und Ihr Gegenüber wird sich schnell in Ihnen widerspiegeln - diesen Anblick wird die Person nämlich nicht allzu häufig erleben und schlussfolgernd eine/n Verbündete/n in Ihnen sehen.

Auch die Gangart sowie der Kleidungsstil einer Person sind Teil des Matching:

Sobald Ihr Gegenüber schlendert, sollten Sie nicht zum Galopp übergehen, sondern die Ruhe genießen und genießen lassen. Dadurch signalisieren Sie eine ähnliche Gelassenheit.

Wenn Sie sich zum anderen wiederum mit Ihrer Vorgesetzten zu einem Mitarbeitergespräch treffen und Ihren Kleidungsstil bereits etwas einschätzen können, dann sollten Sie zu einer ähnlichen Garderobe greifen. Im besten Falle wird Ihre Chefin Sie fragen, wo Sie das Outfit gekauft haben. Selbstverständlich gilt dieser Tipp ebenfalls für Männer.

Übrigens: Auch Emotionen, welche massiv zur Grundeinstellung einer Person beitragen, können Teil der Haltung ausmachen und gehören daher zum Matching dazu. Dafür benötigen Sie allerdings insbesondere bei Fremden eine gute Menschenkenntnis, um sich direkt auf dessen Einstellung vorbereiten zu können. Vor allem in der beruflichen Laufbahn kann diese Manipulationsmethode weiterhelfen:

Ihr Arbeitskollege ist von ausgelassenem Gemüt. Treten Sie ihm als Fröhlichkeit in Person entgegen und Sie können schon bald auf eine Bürofreundschaft hoffen, die Ihnen gerne etwas Arbeit abnehmen wird.

Den Respekt eines strengen Vorgesetzten können Sie ernten, indem Sie selber darauf abzielen, einen strikten, organisieren Eindruck zu machen. Möglicherweise wird Ihr Chef es Ihnen nicht nach außen hin darlegen, doch die Sympathie wird Ihnen spätestens bei einer Gehaltserhöhung bewusst werden.

c) Rapport

Der Titel dieser Taktik ist ein im deutschen Raum weniger geläufiger Terminus - „Rapport“ bedeutet frei übersetzt „Übereinstimmung“ und handelt von einer nahezu symmetrischen Abfolge der Aktionen, die Sie und Ihr Gegenüber tätigen. Gute Freunde, Langzeitpaare und Geschwister, die sich sehr nahe stehen, beherrschen dieses Verhalten perfekt, wenn auch unabsichtlich. Rapport ist somit eine vollkommen eingespielte Mischung aus Pacing und Matching.

Durch den Einsatz des Chamäleon-Effekts beweisen Sie Ihrem Gegenüber außerdem Ihre volle Aufmerksamkeit, was der Person wiederum schmeichelt. Allerdings dürfen die Imitationen nicht zu auffällig oder gar übertrieben abspielen; andernfalls laufen Sie Gefahr, dass Sie nachäffend wirken und Ihr Gesprächspartner fühlt sich auf den Schlips getreten.

Selbstredend müssen Sie auch beim Gebrauch dieser Manipulationstechnik auf Schattenseiten achten. Nutzen Sie den Chamäleon-Effekt insbesondere bei positiven und erfolgreichen Personen - es nutzt Ihnen nicht, die Gunst eines Menschen zu gewinnen, welcher Ihr Leben überhaupt nicht bereichern würde. Dadurch können Sie zudem schnell Ihr eigenes Ansehen verbauen.

Zudem kann es nach hinten losgehen, wenn Sie eine Person imitieren, die grundlegend schlechte Charaktereigenschaften nach außen hin preisgibt und sehr unfreundlich auf seine Umwelt reagiert. Dieser Mensch wird sich eher vorgeführt als verstanden fühlen, da Sie ihm durch Ihre Imitation seine schlechten Seiten vor Augen halten werden.

Take-Away:

Man spricht nicht umsonst von Spiegeltechnik - indem Sie Ihr Gegenüber reflektieren, erschaffen Sie Nähe und Vertrautheit, so als würde diese Person in den Spiegel schauen. Solange Sie im dezenten Rahmen agieren, kann nichts schiefgehen; nur bei zu überzogenen Darstellungen könnte sich Ihr Gesprächspartner eher angegriffen fühlen.

3 Charismatische Manipulation

Wenn man an „charismatische Menschen“ denkt, dann hat man meist ein Bild von Menschen im Kopf, deren Ausstrahlung so positiv ist, dass diese überall wo sie hinkommen, als sympathisch, liebenswert und angenehm wahrgenommen werden. Diese Sorte Menschen besitzen ein natürliches Charisma, die deren Mitmenschen in den Bann zieht. Wird dieses Charisma für negativ besetzte Manipulation missbraucht, fällt dies den wenigsten Mitmenschen überhaupt auf. Für entsprechend charismatische Menschen bedarf es auch keiner großen Anstrengung, manipulativ zu sein. Häufig genügt schon das Wort aus deren Mund, um eine treue Gefolgschaft ums sich zu scharen. Die manipulierten Menschen fühlen sich dabei nicht manipuliert, die Manipulierenden hingegen gewöhnen sich an ihre Gabe, und dieses Gefühl des „es wird immer funktionieren“ gibt ihnen eine Aura, die deren Wirkung noch verstärkt.

Viele Studien, Trainings, Lehrgänge und Übungsstunden zielen auf diesen Effekt ab. Dabei soll erreicht werden, dass diese charismatische Fähigkeit des Manipulierens gezielt von Menschen gelernt wird, die über das natürliche Charisma nicht verfügen. Diese Lehrgänge haben gute und schlechte Seiten. Selbstverständlich können viele der Kandidaten, die an solchen Trainings teilnehmen, noch eine Menge lernen über die Art und Weise, wie sie kommunizieren, und wie sie ganz allgemein wahrgenommen werden. Das Charisma, das aber gesucht ist - dieses „Boss-Gen“ - das ist nicht erlernbar.

Bei der Betrachtung des Themenkomplexes Manipulation stoßen wir auch immer wieder auf Bereiche, in denen die Grenzen zwischen Gut und Böse überschritten werden, oder – schlimmer noch – verschwimmen. Gerade der Bereich der charismatischen Manipulationsgabe überschneidet sich mit dem Phänomen der sogenannten „Reality Distortion". Die Bedeutung des Begriffes ist „Verzerrung der Realität", der Effekt selber ist einfach zu beschreiben, Forscher sind jedoch noch nicht so weit, mit Gewissheit sagen zu können, ob die Reality Distortion der Auslöser für das Boss-Gen ist, oder aus der lebenslangen Gewohnheit der charismatischen Manipulation erst entsteht.

Der bekannteste Vertreter der Reality Distortion ist der ehemalige Apple-CEO Steve Jobs. Viele seiner Mitarbeiter beschrieben die Visionen ihres CEO als unmöglich umzusetzende Ziele, die aber mit einer solchen Wucht präsentiert wurden, dass jeder in diesem Moment glaubte, dass es doch möglich wäre. Diese Art der Einflussnahme wird von den Psychologen als „Reality Distortion Field" bezeichnet. Dieses Reality Distortion Field umspannt alle diejenigen, die darin eingeschlossen sind, in die Reality Distortion, so dass sie nach kurzer Zeit selber überzeugt sind, dass die verzerrten Realitäten echte und machbare Wahrheit sind. Steve Jobs ist sicher das schillerndste Beispiel, gerade aber in den Chefetagen moderner Unternehmen sind Reality Distortionisten häufig zu finden. Sie können einen solchen Menschen daran erkennen, dass Sie im Gespräch mit ihm oder ihr absolut überzeugt werden, und die Ansichten und Vorstellungen teilen. Wenn Sie aber das Gespräch verlassen haben und nüchtern darüber nachdenken, dann kommt die harte Realität wieder zum Vorschein, und die eben noch glühend akzeptierten oder gar verfochtenen Ziele verflüchtigen sich.

Falls Sie diesen Effekt im Verhältnis zu Ihrem Vorgesetzten entdecken, sind Sie in einer schwierigen Position. Auch wenn es Ihnen gelingt, sich im persönlichen Gespräch nicht in dieses Distortion Field einspinnen zu lassen, ist damit das Problem nicht gelöst. Nur, wenn es Ihnen gelingt, schon im Gespräch eine klare Position zu beziehen, die den unrealistischen Visionen des Reality Distortionisten resolut widerspricht, sind Sie frei davon, die Folgen dieser Visionen tragen zu müssen. Sie müssen sich aber bewusst sein, was eine Reality Distortion in Ihrem Kern eigentlich ist: Es ist der Wunsch nach etwas ganz Bestimmten. Dieser Wunsch ist so stark geworden ist, dass der Visionär inzwischen fest überzeugt ist, dass er schon längst zur Wahrheit wurde.

Dieses Verhalten gleicht dem eines Kindes, welches sich zum Geburtstag ein übermäßig teures Spielzeug so innig wünscht, dass es beginnt, so zu leben, als besäße es dieses Spielzeug bereits. Dies kann bedeuten, im Tagebuch tolle Erlebnisse mit diesem Spielzeug einzutragen, sich im Nachtgebet bei Gott für dieses Spielzeug zu bedanken, oder für den nächsten Tag klar definierte Pläne zu machen, welche dieses Spielzeug zum Zentrum haben. Es kann aber auch dazu führen, Freunden und Freundinnen davon zu erzählen, wie schön es ist, dieses Spielzeug zu besitzen und damit zu spielen. Die anderen Kinder freuen sich dann mit ihm, oder beneiden es, lassen sich aber mitnehmen in diese Phantasiewelt. Später ist jedem der anderen Kinder klar, dass die Eltern dieses Spielzeug niemals kaufen würden, zum Beispiel weil sie es sich gar nicht leisten könnten. Ein Freund, der diesem Kind aufs Gesicht zu sagt, dass es eine Phantasiewelt spinnt, wird die Freundschaft gefährden oder sogar zerstören.

Genau so verhält es sich bei Vorgesetzen. Wenn Sie bei jedem Meeting mit der typischen, verzerrten Wirklichkeit sich vor Augen halten, dass es sich um Reality Distortion handelt, können Sie zwar später kopfschüttelnd ihren normalen Arbeitsalltag fortsetzen, werden aber zusehends den Respekt vor Ihrem Vorgesetzten verlieren. Halten Sie jedoch im Meeting klar dagegen, wird Ihre Zukunft in diesem Unternehmen sehr wahrscheinlich von überschaubarer Dauer sein.

Bedenken Sie außerdem, dass Steve Jobs mit seiner Art die leitenden Angestellten dazu gebracht hat, in jeder Situation das absolut maximal Machbare herauszuholen. Auch wenn die Visionen, die Zeitpläne, die Umsatzvorgaben oder die avisierten Marktanteile niemals in der Form umsetzbar wurden, konnte Jobs die Firma Apple zu einer Marke formen, die zeitweilig das teuerste Unternehmen der Welt war.

4 Emotionale Manipulation oder emotionale Erpressung

Die zweite Form der Manipulation, die häufig unbewusst und ungeplant geschieht, ist die Emotionale Manipulation. Ganz unbewusst ist die emotionale Erpressung genau genommen nicht, sondern sie ist ein Manipulationsmittel, das wir schon in frühester Kindheit antrainiert bekommen. Von archaischen Erziehungsmethoden bei Kindern haben wir uns bewusst abgewandt – „wer nicht pariert, kriegt was hinter die Löffel“ wurde aus dem Katalog der legitimierten Erziehungsmethoden gestrichen. Da Kinder nicht in jedem Alter vernünftiger Argumentation gegenüber aufgeschlossen sind, sind die Eltern auf subtilere Methoden ausgewichen, um Druck auszuüben. „Wenn Du jetzt nicht... dann ist die Mami ganz arg traurig!“. Hier wird dem Kind suggeriert, dass es für das Leiden einer anderen Person verantwortlich ist. Das Muster ist dabei stets das gleiche. Vom Kind wird gefordert, sich einer bestimmten Verhaltensweise anzupassen oder unterzuordnen. Wenn es das nicht tut, dann muss jemand anderer darunter leiden, und das Kind muss mit dieser Schuld fortan leben. Es ist fast überflüssig, zu erwähnen, dass die gewünschte Verhaltensweise üblicherweise umschrieben werden kann mit „Du machst jetzt das, was ich will!“. Mütter wenden dieses Mittel häufig in der Rat- und Hilflosigkeit an, die dadurch entsteht, dass kein sonstiger Zugang zum Verhalten des Kindes existiert. Kinder wie Eltern werden dadurch allerdings geprägt, diese Methode der Manipulation auch als Erwachsene und Erwachsenen gegenüber anzuwenden.

Bei der emotionalen Erpressung unter Erwachsenen ist die Methode häufig in Arbeitsverhältnissen, und nahezu überall in privaten Beziehungen zu beobachten. Die emotionale Erpressung nimmt dabei viele Formen an, das Strickmuster ist jedoch identisch mit der emotionalen Erpressung in der Kindererziehung.

„Du, lieber Kollege / Untergebener / Ehepartner musst jetzt eine bestimmte Verhaltensweise an den Tag legen, sonst geht es mir oder einer anderen Person – jederzeit auch einer Gruppe von Menschen oder einer Firma – schlecht, und Du, lieber Kollege / Untergebener / Ehepartner musst dafür dann die Verantwortung tragen". Unter Erwachsenen muss die Konsequenz noch nicht einmal ausgesprochen werden. Die emotionale Erpressung kann auch durch ganz leise Anspielungen eingesetzt werden:

- Wie kannst Du mir so etwas antun
- Du hast mich enttäuscht
- Mein Bild von Dir hat gelitten
- Das ist einem Mitarbeiter von Ihrer Qualität unwürdig
- In einem Unternehmen von unserem Renommée ist für [...] kein Platz
- In einer Situation wie dieser, darf man (nicht)...

Gerade die Verwendung von „man" schiebt das Urteil über die Notwendigkeit einer bestimmten Handlungsweise statt vom eigenen Willen auf eine erdachte Allgemeinheit, der man nur schwerlich widersprechen darf. Eine andere Person oder Personengruppe vorzuschieben, lenkt dabei noch vom eigenen Manipulationsversuch ab.

- Was sollen nur die Nachbarn denken?
- Wenn Dein Chef Dich so sehen würde!

In besonders schweren Fällen wird ein eigenes Fehlverhalten angekündigt und vorab schon dem Anderen die Verantwortung dafür übergestülpt:

- Wenn Du jetzt [...], dann bringe ich mich um
- Mach nur so weiter, dann kann ich für nichts garantieren

In dieser Form eine eigene Entgleisung anzudrohen, und dem Partner oder Kollegen dafür die Schuld zuzuschieben ist in mehrfacher Hinsicht eine zu verabscheuende Weise der emotionalen Erpressung, und dennoch erstaunlich weit verbreitet. Schließlich wird die emotionale Erpressung auch in einer Weise angewendet, die gute oder beste Intentionen ins Gegenteil verkehren, um Manipulation auszuüben:

- Ich hätte einige Pfund weniger auf der Waage, wenn Du nicht immer so lecker kochen würdest
- So aufreizend wie [Name einer Kollegin] sich kleidet und schminkt, fordert sie doch die Kollegen dazu auf, sie mal anzufassen
- Ihre Politik der freien Einteilung der Arbeitszeit lädt doch geradezu zum Missbrauch ein
- Unter den Schlägen, die Du gerade bekommst, leide ich noch viel mehr als Du
- Ich würde viel öfter mit dem Fahrrad zum Einkaufen fahren, wenn Du mir nicht dieses schicke Sportcabrio gekauft hättest

Wenn sich diese emotionale Erpressung in einer Partnerschaft oder Geschäftsbeziehung breitgemacht hat, gibt es kaum einen Ausweg. Nur wenn das Verhalten klipp und klar angesprochen wird, und der Manipulierende sein Fehlverhalten einzusehen in der Lage ist, kann die Beziehung gerettet werden. Wenn jemand schon als Kind in dieser Weise manipuliert wurde, dann besteht die Gefahr, sich in einer solchen Situation wirklich als schuldig und verantwortlich zu fühlen, und damit die Schuld für das Fehlverhalten anderer auf sich zu nehmen. In dieser Lage ist das Empfinden von echter Zufriedenheit oder Freude kaum noch möglich. Demjenigen, der manipuliert, hilft das Verhalten auch nicht. Er oder sie wird einfach immer so weiter machen und allenfalls mit der Zeit die Dosis der Droh- und Verantwortungsszenarien erhöhen. Zum eigenen Schutz hilft dann nur noch, die Beziehung oder das Verhältnis aufzulösen.

Gerade wenn es um persönliche Beziehungen geht, insbesondere bei Liebesbeziehungen, ist es ratsam, auf diese Verhaltensmuster zu achten. Viele Ratgeber für diejenigen, die auf der Suche nach dem passenden Partner oder der passenden Partnerin sind, beginnen den Text mit einer Auflistung von Eigenschaften oder Attitüden, auf die man schon genau achten soll, wenn sich die Beziehung gerade erst anbahnt. Ist emotionale Erpressung zu erkennen, lautet der Ratschlag durchgängig, die Beziehung sofort zu verlassen. Emotionale Erpressung wird, so die einhellige Expertenmeinung, nicht verschwinden, sondern im Lauf der Beziehung immer schlimmer werden und den oder die Betroffene ernsthaft schädigen. Bevor also bindende Elemente in die Beziehung einziehen - teure Geschenke, Eheversprechen oder eine gemeinsame Wohnung - muss dieser Aspekt sicher ausgeschlossen werden können.

5 Suggestive Sprache - Sprachmanipulation

Das Thema der Manipulation durch Sprache hat – wie der gesamte Bereich der Manipulation – gute und schlechte Seiten. Wie wir bei den sieben Manipulationstechniken und der emotionalen Erpressung gesehen haben, kann allein durch Sprache zwar zum Teil großer Druck und damit Manipulation ausgeübt werden, aber meist nur auf Kosten eines oder einer Betroffenen. Ziel für die Leser dieses Buches ist es, ich möchte es immer wieder betonen, Manipulation so zu verwenden, dass es dabei keine Verlierer, keine Opfer gibt, also so, dass niemand dabei zu Schaden kommt. Bei der Manipulation durch Sprache sind die Grenzen zwischen gut und schädlich sehr unscharf. Ein gekonnter Redner kann – ohne zu drohen, zu lügen oder ohne emotionale Erpressung anzuwenden – große Menschenmengen in den Bann ziehen und damit manipulieren. Wir wissen von großartigen Auftritten solch unterschiedlicher Menschen wie Dr. Martin Luther King oder Joseph Goebbels, dass diese Fähigkeit alleingenommen schon sowohl für Gutes als auch für Böses eingesetzt werden kann.

Der amerikanische Manager, Buchautor und Management-Trainer Scott Adams – den meisten Menschen bekannt als der Verfasser der Dilbert-Cartoons – hat sich in seinen Büchern und in seinem regelmäßigen Podcast sehr ausführlich mit der Fähigkeit zu überzeugen beschäftigt. So ist bei Adams jegliche Fähigkeit, das Mittel der Sprache zur Manipulation einzusetzen, eindeutig positiv belegt. In seinem Buch „Win Bigly: Persuasion in a World Where Facts Don't Matter" führt Adams aus, dass es in der Disziplin des Überzeugens weniger auf nachprüfbare Inhalte wie Zahlen und Fakten ankommt, sondern mehr auf die Art und Weise, wie man kommuniziert. So wird dieses Kapitel, obschon mit „Sprachmanipulation“ überschrieben, ein Lehrstück über die Überzeugungskraft guter Kommunikationsweisen. Und es sei noch gesagt, dass Überzeugungskraft auch mit der Hilfe von Zahlen und Fakten funktioniert, dass diese aber nicht notwendigerweise vorhanden sein müssen.

Warum die Manipulation mit der Sprache so gut funktioniert, dafür gibt es Gründe. Diese Gründe liegen in der Biologie des Menschen. Das menschliche Gehirn muss in jeder Sekunde eine schier unendliche Menge an Reizen aufnehmen und verarbeiten. Völlig unbeeinflussbar vom menschlichen Bewusstsein erfindet das Gehirn Dinge hinzu, die nicht existieren, oder retuschiert große Teile aus dem Wahrnehmungsfeld heraus. All dies geschieht, um das Gesamtbild in ein bereits vorhandenes Strickmuster zu bringen, und es auf diese Weise so zu vereinfachen, dass es auch in Echtzeit verarbeitet werden kann. Die ganze Welt der sogenannten optischen Täuschungen basiert darauf, dass das Gehirn ein Signal, welches von den Augen gesendet wird, noch vor dem aktiven Verarbeiten in der Hirnrinde verändert und verbiegt, um bestimmten Vorgaben an gefühlte Realität und Plausibilität unterworfen zu werden. Diese Vorgaben sind entweder schon genetisch vorprogrammiert, oder durch Erfahrungen entstanden. Wenn Sie auf eine beliebige Seite im Internet browsen, in der optische Täuschungen gezeigt und erklärt werden, dann finden Sie dort genau diesen Umstand mit etlichen Beispielen illustriert.

5.1 Falsche Aussagen und deren Macht bei der Manipulation

Diese Eigenschaft – das Eigenleben des Gehirns - können Sie sich zunutze machen. Der bekannteste Effekt der automatischen

Korrekturen des Gehirns hat die Folge, dass der Großteil der Manipulationsmethoden auch funktioniert, wenn Ihr Gegenüber von der Manipulation weiß. Ein klassisches Beispiel dafür sind Preise für Einkaufsgüter im Laden. Preise werden immer einen Cent weniger als der volle Eurobetrag ausgewiesen, also 9,99 Euro anstatt 10,00 Euro. Obwohl jeder genau weiß, dass der Unterschied nur einen Cent beträgt, wird der Preis gefühlt als wesentlich günstiger wahrgenommen, als es der volle Eurobetrag gewesen wäre. Jeder kennt diese Form der Manipulation, dennoch bleibt die Wirkung nicht aus. Aus genau diesem Grund funktionieren viele Formen der Manipulation in der Sprache abenfalls auch dann, wenn die Hörenden die Methoden schon sehr gut kennen. Bei der Manipulation im persönlichen Gespräch kann dieser Effekt sehr einfach verwendet werden. Wollen Sie beispielsweise eine Geschäftsidee als überlegen gegenüber dem Vorschlag eines Kollegen anpreisen, können Sie eine von zwei Behauptungen aufstellen:

1. Sie können Ihren Vorschlag beschreiben als besser dem des Kollegen gegenüber
2. Sie können behaupten, Ihre Untersuchung hat ergeben, dass Ihr Vorschlag eine Erfolgswahrscheinlichkeit von 60% gegenüber den 40% des anderen Vorschlags besitzt

Beide Aussagen können gleichermaßen aus der Luft gegriffen sein. Da aber die Nennung des Wertes 60% ein konkreter Anhaltspunkt ist, über den diskutiert werden kann – im Sinne von: sind die 60% plausibel oder möglich, oder sind sie totaler Unfug? – bleibt das Thema in den Gedanken der Menschen erhalten. Auch wenn Menschen diese Strategie erahnen und den Effekt bereits kennen, können sie es dennoch nicht verhindern, dass der Denkapparat sich selbständig mit diesen Zahlen auseinandersetzt.

Dieses unvermeidbare Beschäftigen des Denkens mit einer

Information, die eigentlich dem Manipulator in die Hände spielt, kann noch auf eine weitere Weise genutzt werden. Eine unrealistische Aussage sorgt ebenfalls dafür, dass eine Person oder ein Statement länger im Gedächtnis bleiben, als es bei einer akkuraten Aussage der Fall gewesen wäre. Als Beispiel darf nun der deutsche Fußball herhalten. Nehmen wir einmal an, der Trainer einer mittelklassigen Mannschaft diktiert einem Reporter ins Notizbuch, nun die Schwäche seines Teams ausgemacht zu haben – und verkündet, alle Auswärtsspiele der Rückrunde gewinnen zu wollen. Für Fußballfachleute ist von vornherein klar, dass bei heimstarken Clubs wie dem FC Bayern, der Borussia aus Mönchengladbach oder auch bei Werder Bremen üblicherweise kein Blumentopf zu gewinnen ist. Hier tritt der Effekt der unrealistischen Aussage ein. Zu erklären, sich jetzt auf Auswärtssiege zu konzentrieren, dabei aber Verluste oder Unentschieden in München, Gladbach oder Bremen einzukalkulieren – das wäre keiner weiteren Diskussion wert. Nur der überzogene Anspruch sorgt für Diskussionsstoff und nebenbei noch für einen psychologischen Nebeneffekt. Da jetzt von dieser Mannschaft als Auswärts-Schreck spekuliert wird, kann der Glaube der eigenen Spieler an Auswärtspunkte genauso gestärkt werden, wie der Respekt, den andere Mannschaft plötzlich entgegenbringen. Diese Manipulation gelingt nur, in dem zu Anfang eine gezielt unrealistische Aussage getätigt wurde.

Diese Effekte funktionieren – wie gesagt – auch dann, wenn den Manipulierten diese wohlbekannt sind, und auch, wenn sie sich dagegen zu schützen suchen. Verantwortlich dafür ist eine weitere besondere Eigenschaft des menschlichen Gehirns. Per Computer auch heutzutage unmöglich umzusetzen, kann das Gehirn mit Leichtigkeit relative Wahrheiten verwalten. In der sogenannten „Fuzzy Logic“ wird Computern beigebracht, annähernd so zu agieren, wie ein Gehirn. Mit logischen Operatoren haben Rechner keine Schwierigkeiten, aber Werte wie „vielleicht“, oder die Möglichkeit, dass ein Element mehrere Werte gleichzeitig annehmen kann, sind für elektronische Maschinen nahezu unmöglich zu verwenden.

Das menschliche Gehirn hingegen hat keine Schwierigkeiten damit, unscharfe oder sogar widersprüchliche Zustände zu verwalten. Die aktuelle Debatte über Fake News zeigt in anschaulicher Weise, welche Folgen dies im echten Leben haben kann. Obwohl eine Tatsache nur einen Zustand haben kann – nämlich den Zustand „TRUE“ – wird über Tatsachen gedacht und geschrieben, als könnten sie beliebige Zustände annehmen. Jeder Mensch hat nun seine eigene Wahrheit, obschon dies aus rein faktischer Sicht immer dann unmöglich ist, wenn zwei Menschen zu einem Sachverhalt unterschiedliche Ansichten vertreten. Aus logischer Betrachtungsweise ist es unausweichlich: wenn zwei Menschen zu einem Thema unterschiedliche Überzeugungen haben, dann liegt einer dieser Menschen zwangsläufig falsch. Oft kommt es übrigens vor, dass beide falsch liegen.

Sehr plakativ wird diese Thematik in der Diskussion um Gott oder Götter. In nordischen oder griechischen Glaubenssystemen, in denen mehrere Götter nebeneinander existieren und voneinander wissen, entstehen diese Widersprüche nicht. Jedoch gibt es für diejenigen Religionen, die sich auf einen einzigen, allmächtigen Gott berufen, ein Problem. Ein Gott, der allmächtig ist und keine anderen Götter neben sich duldet, kann nur einmal existieren. Logisch folgt daraus, dass nur die Vertreter maximal einer dieser Religionen im Recht sein können, und es durchaus möglich ist, dass alle miteinander falsch liegen. Dennoch fällt es dem Gehirn nicht schwer, so zu leben, als wäre jede dieser Gottheiten real vorhanden.

Diese Fähigkeit des Gehirns, flexibel und auch irrational zu denken, ist die Ausgangsbasis für viele weitere Formen und Möglichkeiten der Manipulation.

Auf diese Art kommt auch der bei den sieben Techniken bereits vorgestellte Benjamin-Franklin-Effekt zustande.

5.2 Werden Sie mit ein paar Kniffen zum Alphatier

Es gibt eine Reihe von Methoden, welche dazu führen, dass das, was Sie sagen, ernster genommen oder sogar als Befehl verstanden wird. Diese Methoden sorgen dafür, dass Ihr Gegenüber Sie als wichtiger oder darüberstehend ansieht. Sie basieren in der Tendenz immer darauf, den anderen kleiner erscheinen zu lassen, sodass Sie aus dieser Position deutlich einfacher das durchsetzen können, was Sie möchten beziehungweise für richtig halten.

Setzen Sie die nächsten Methoden also in geringer Dosis ein und sehen Sie geduldig zu, wie Ihr Einfluss und Ihre Wichtigkeit langsam aber stetig zunehmen. Bedenken Sie auch, dass Sie manche Attitüden vielleicht schon bei anderen erlebt haben, und in der Folge die betreffende Person unsympathisch fanden. Schon alleine deshalb sollten diese Methoden in so kleiner Dosierung eingesetzt werden, dass Sie nicht am Ende zur „Persona non Grata“ (nicht erwünschte/ willkommene Person) werden.

5.2.1 Überlegenheit

Es gibt viele kleine Gesten, die typisch für Vorgesetzte sind. Natürlich können Sie nicht anfangen, Ihre Kollegen oder

Kolleginnen herumzukommandieren, jedoch sind andere Verhaltensweisen, wie eine offizielle Begrüßung oder eine förmlich klingende Erkundigung nach dem Befinden, subtile Hinweise auf einen Höherstehenden. Kleine Maßregelungen oder Korrigieren von Aussagen gehören auch zu diesen Attitüden. Seien Sie vorsichtig, dass Sie nicht arrogant oder selbstherrlich dabei erscheinen, dann werden Sie Ihre Kollegen problemlos auf die Weise führen können, die für Sie als die Richtige erscheint.

5.2.2 Subtiles Kleinhalten

Sie können Ihr Gegenüber mit einem ständigen Strom kritischer Kommentare zum Zweifeln bringen und dadurch Widerspruch und Opposition kleinhalten.

- War das jetzt ein Scherz?
- Da würde ich aber nochmal drüber nachdenken
- Sei nicht albern!

Kommentare wie diese untergraben nicht vordergründig eine Freundschlaft oder kollegiales Verhalten, sorgen aber nach dem Prinzip „steter Tropfen höhlt den Stein" dafür, dass Ihr Gesprächspartner an seinen eigenen Aussagen zweifelt, und Ihre Aussagen automatisch an Wert und Einfluss gewinnen – und das auch beobachtenden, unbeteiligten Dritten gegenüber.

5.2.3 Alleine schon die Lautstärke

Sprechen Sie immer einen kleinen Tick lauter als alle anderen. Auch hier ist gutes Dosieren das A und O. Sobald Sie jemanden nerven, weil Ihre Stimme zu laut ist, dann wird die Gefahr zu groß, dass Ihr Spiel durchschaut wird. Sprechen Sie einfach nur ein kleines bisschen lauter, so wird auch dies dazu beitragen, dass das, was Sie sagen, über kurz oder lang als wichtiger wahrgenommen wird.

5.2.4 Manchmal ist weniger mehr

Streuen Sie Pausen in Ihre Rede und sprechen Sie mal langsam, mal schnell. Diese Unterschiede werden wahrgenommen als gezielte Färbung in Ihrer Sprache, und Sie gelten automatisch als berechnender, durchdachter, selbstbewusster und auch distinguierter. Es muss nicht dazugesagt werden, dass man Ihnen bewusster und mit einer eher unterwürfigen Attitüde zuhört, als im Vergleich zu anderen. Vielmehr wird Ihnen große Kompetenz nachgesagt werden.

5.2.5 Emotionen

Sie können vielerlei Emotionen provozieren durch das, was Sie sagen. Ob Sie Schuldgefühle bei den Anderen erzeugen, oder sich selbst in eine Opferposition bewegen, beides wird auch wieder die Aufmerksamkeit in Ihre Richtung lenken. Wenn Sie Ihr Gegenüber mit Neid oder Eifersucht füttern können, zum Beispiel in dem Sie Informationen für sich behalten oder um manche Kleinigkeiten ein kleines Geheimnis machen, hat wieder den Effekt, dass andere sich beziehungsweise Ihr Anliegen für kleiner, unwürdiger und unwichtiger halten.

Gerade in einer Arbeitsumgebung sind diese Sätze kleine Zaubersteine:

- Dann mache ich die Arbeit eben alleine
- Ich gebe diese Information weiter, damit ich nicht die Verantwortung dafür alleine tragen muss
- War das schon Ihr ganzes Proposal?
- Anscheinend sind Sie mit nichts zufrieden

Es versteht sich von selbst, dass auch hier die geringe Dosierung eine große Rolle spielt. Wenn Sie dieses Spiel übertreiben, dann grenzen Sie sich (berechtigterweise) schnell aus und stehen als Zicke da – oder als männliches Äquivalent dazu.

5.2.6 Passive Täuschung

Ob im privaten oder im geschäftlichen Umfeld: Immer werden Sie Menschen begegnen, die nicht so reagieren, wie man es erwarten würde. Wenn Sie Hilfe benötigen, machen diese Menschen sich besonders rar. Wenn Sie ein detailliertes Feedback wünschen, erhalten Sie ein paar unbedeutende, knappe Sätze. Wenn Sie einen Vorschlag machen, wird dieser immer unter einer hanebüchenen Begründung abgetan. Kleiden Sie sich solchen Menschen gegenüber in einer Aura, dass Sie jede Situation souverän im Griff haben, dann werden diese sich extrem lang machen, nur um Ihnen Hilfe anzubieten. Wenn Sie ihnen den Eindruck vermitteln, ihre Meinung sei nicht wichtig, dann erhalten Sie schnell ausführliches, positives Feedback. Nach diesem Strickmuster werden diese unbequemen Menschen plötzlich zu vielen kleinen Wunsch-Erfüllern.

5.2.7 Uralt, jedem bekannt und immer noch wirksam

Nettigkeiten, Komplimente und kleine Ratschläge öffnen immer noch alle Türen bei Ihren Kollegen und Kolleginnen, Partnern oder Partnerinnen. Jeder Mensch sehnt sich innerlich nach Bestätigung. Wenn Sie bereit dazu sind, gute Leistungen bei Kollegen oder positive Bemühungen, gutes Aussehen und schicke Kleidung beim Partner zu loben, dann bedienen Sie dieses Sehnen. Der sogenannte Feel-Good-Faktor steigt, und man ist Ihren Ideen gegenüber grundsätzlich offener. Wenn Sie noch einen Schritt weiter gehen, und eine Arbeit, zum Beispiel eine Präsentation, mit einem knapp aber präzise formulierten Feedback positiv beschreiben, dann haben Sie sogar „einen gut". Auch dies macht Sie unbemerkt einflussreicher.

5.2.8 Schwere Geschütze

Es gibt selbstverständlich auch Manipulationsmethoden, die verwerflich sind. Diese Methoden zielen schon konkret darauf ab, andere Menschen einzuschüchtern. Leider finden sich diese Methoden vor allem häufig in der Kindererziehung, wo sie aber leicht großen Schaden anrichten können. In Auseinandersetzungen mit offensichtlich manipulativen Menschen kann es jedoch durchaus empfehlenswert sein, in deren eigener Sprache den ersten Schuss abzugeben, um das eigene Territorium abzustecken. Ansonsten sollen die hier vorgestellten Methoden lediglich zu Demonstrationszwecken dienen und nicht als Anreiz, diese auch tatsächlich zu verwenden.

Vorwürfe als Fragen

Fragen können mit einem Vorwurf beladen sein:

- Was haben Sie sich dabei gedacht, als Sie diese Fehlentscheidung getroffen haben?
- Wieso schreiben Sie einen solchen Unfug?
- Warum behandelst Du mich so mies?

Obwohl eine Frage zunächst immer harmlos ist, wird in der Frage eine klare Aussage mit negativer Wertung untergebracht. Diese Art der Fragen eignet sich hervorragend, um einen Menschen vor einer Gruppe anderer von seinem „gefühlt sicheren Thron" zu stoßen, ohne dabei wie ein Unmensch zu wirken.

Vorwürfe als Lob

Vorwürfe können auch in einem Lob untergebracht werden:

- Heute sehen Sie mal richtig professionell aus
- Jetzt ist Ihnen auch einmal ein guter Bericht gelungen
- Das war zur Abwechslung mal eine wirklich tolle Idee

Nicht wörtlich enthalten aber dennoch vorhanden ist in dieser Art zu loben das genaue Gegenteil. Die Aussagen, die dahinterstehen, prangern üblicherweise nicht vorhandenes professionelles Aussehen, ansonsten miese Berichte oder in anderen Fällen unbrauchbare Ideen an – auch wenn die gelobten Leistungen gar keine Ausnahmen oder Seltenheiten sind.

Fragen, die die Antwort - den Vorwurf - schon in sich tragen

Manipulative Fragen beinhalten oft schon die Antwort, beziehungsweise sollen nur den Vorwurf übermitteln, ohne direkt eine Antwort zu erfordern:

- Misshandeln Sie immer noch Ihre Kinder?
- Wie kommen Sie in der Alkohol-Selbsthilfegruppe voran?
- Haben Sie Ihre Spielsucht in den Griff bekommen?
- Haben Sie inzwischen einmal Zeit gefunden, die Bedienung von Microsoft Excel zu üben?

Wenn Ihnen jemand eine solche Frage stellt, können Sie nicht gewinnen, da das Urteil – Kindesmisshandler, Trinker, Spielsüchtiger oder Excel-Nichtkönner – schon gefällt wurde, ungeachtet dessen, was Sie darauf antworten.

Fragen mit einer Verurteilung für denjenigen, der verneint

Eine weitere Art der manipulativen Fragestellung sind Fragen, die bei der Beantwortung keine Freiheit lassen:

- Wollen Sie das Problem angehen oder für immer ein Versager bleiben?
- Bist du ein Mann oder eine Memme?
- Reden Sie nur, oder fangen Sie irgendwann einmal an zu handeln?

Ein wunderbares Beispiel dafür hören wir täglich in der IKEA-Werbung: „Lebst Du schon oder wohnst Du noch?“ – ganz unterschwellig wird uns suggeriert, dass wir uns nur vom Vorwurf befreien können, noch nicht wirklich zu leben, wenn wir uns bei IKEA mit neuen Möbeln eindecken. Obwohl der Spruch von IKEA keinen unangenehmen Nachgeschmack hinterlässt, ist bei diesen „schweren Geschützen“ zu bedenken, dass man sich keine Freunde damit macht. Sie sind wirklich nur zu empfehlen, wenn Sie sich einem offen manipulativen Menschen gegenüber zur Wehr setzen wollen.

Fragen ohne die Möglichkeit, einfach „nein“ zu sagen

Auch die Illusion einer Wahlmöglichkeit geht in diese Richtung:

- Wollen Sie mit mir ins Kino gehen oder wäre Ihnen ein schickes Café lieber?
- Möchten Sie einen monatlichen oder einen vierteljährlichen Vertrag?
- Willst Du gleich beim Aufräumen helfen oder lieber vorher Deine Hausaufgaben machen?

Diese Methode durchschaut jeder sofort, wenn es ein Gespräch mit einem Verkäufer ist. Dennoch funktioniert sie häufig, wenn der Gefragte unachtsam ist. In Situationen außerhalb eines Verkaufsgespräches wirkt sie deshalb noch besser, da im Normalfall niemand damit rechnen würde.

5.3 Ehrlich währt am längsten

Eine wirklich nachhaltige Methode, andere für sich zu gewinnen, und damit manipulieren zu können, ist ein geradeheraus guter Charakter. Sind Sie zum Beispiel ehrlich und geben Fehler zu, dann verschafft Ihnen das bei Personen mit ähnlichem Charakter viele Sympathiepunkte. Sind Ihre Komplimente ohne Falsch und Ihre Ratschläge wirklich hilfreich, bleibt das als positive Erinnerung hängen. Vermeiden Sie, direkt über sich selbst zu reden oder gar anzugeben und schenken Sie volle Aufmerksamkeit, wenn Sie jemandem zuhören. Das heißt nicht nur, zu schweigen, sondern auch mit der Körpersprache volle Empfangsbereitschaft zu signalisieren, zum Beispiel, indem die Augen nicht nach links und rechts schielen. Nett, freundlich, ehrlich und lauter zu sein, ist sicherlich die ehrenwerteste Methode, Menschen zu manipulieren. Sie funktioniert allerdings auch nur bei Menschen, die selber ähnlich gelagert sind. Trifft man auf zweifelhaftere Charaktere, muss man mit Missbrauch der positiven Eigenschaften rechnen.

Aus diesem Grund habe ich für Sie auch Methoden aufgelistet, die sicherlich bei dem einen oder anderen Stirnrunzeln hervorrufen würden. Ich möchte gern an dieser Stelle noch mal darauf hinweisen, dass solche Methoden nur spärlich eingesetzt werden dürfen, und Sie jederzeit darauf achten sollten, dass durch diese Art der Einflussnahme kein Schaden entsteht.

Zuletzt sei zur Manipulation durch Sprache noch gesagt, dass es auch non-verbale Möglichkeiten gibt, zu manipulieren. Und was noch besser ist: Diese Methoden lassen sich mit denen der Sprache kombinieren, um den Effekt zu vergrößern. Bevor Sie also allzu zweifelhafte Methoden einsetzen, lohnt es sich, wenn Sie einen Blick auf die Körpersprache werfen.

6 Körpersprache

Auch durch die Körpersprache können falsche Signale ausgesendet werden, und so eignet sich die Körpersprache auch dafür, missbräuchlich verwendet zu werden. Deshalb gelten für die Verwendung körpersprachlicher Mittel zur Manipulation die gleichen Ansätze, wie bei der Sprache. Es ist gut möglich, mittels Körpersprache unlauter zu manipulieren und sogar Schaden anzurichten. Dennoch trägt die Körpersprache viel dazu bei, einen unbewussten Eindruck zu hinterlassen, der per se erst einmal nicht böse sein muss. Auch ist die Körpersprache keineswegs so stark einzuschätzen, wie die Wirkung der Sprache. Dennoch möchte ich hiermit noch deutlich daran appellieren, alle Methoden maßvoll einzusetzen. Schließlich muss jedem bewusst sein, der die Körpersprache zur Manipulation einsetzt, dass Menschen unterschiedlich darauf reagieren. Ein Mensch kann, wenn er sich manipuliert fühlt, ablehnend reagieren und sich abwenden. Er kann aber auch, eingeschüchtert und aus Angst, weiterhin ein treuer Begleiter bleiben. Aber in beiden Fällen hat man einen Freund verloren.

Die Vorteile der Manipulation durch Körpersprache liegen in der unterschwelligen Art. Wer sich die Methoden aneignet und zu einem Teil des ganz natürlichen Auftritts macht, hat ein ständig vorhandenes, latentes Manipulationspotential um sich herum aufgebaut. Zudem sind die hier genannten Methoden für viele Menschen gar nichts neues, denn sie verhalten sich ohnehin so. Dies lässt auf großes Selbstbewusstsein und einen dominanten Charakter schließen. Dennoch hilft der bewusste Umgang mit körpersprachlichen Signalen nicht nur dabei, die eigene Einfluss-Sphäre zu vergrößern, sondern auch die Beurteilung anderer zu erleichtern, und nicht zuletzt die eigene Manipulierbarkeit zu verringern. Während viele Menschen sich mit Manipulation durch Sprache beschäftigen und bewusst auseinandersetzen, führt die Körpersprache noch ein Schattendasein. Dies können Sie für sich nutzen, denn wenn Sie der „first Mover“ in einer Gruppe sind – derjenige, der sich als erster einem Thema intensiv widmet – dann haben Sie allen anderen gegenüber einen großen Vorteil.

6.1 Die 4 Formen der körpersprachlichen Einflussnahme

Körpersprachliche Signale sind entweder bewusst oder unbewusst. Die bewussten Körpersignale unterscheiden wir in Gestik, Mimik, Haltung und Tells - das sind alle unbewussten Körpersignale, die Sie aussenden. Es existiert übrigens in der deutschen Sprache kein einheitlicher Begriff dafür, deshalb sprechen viele Menschen von Mikrogesten oder Mikroimpressionen.

6.1.1 Haltung

Am schnellsten ist eigentlich das Thema Haltung besprochen. Die Grundsätze hierzu stammen aus uralten Zeiten, in denen ein Soldat allein durch seine Erscheinung Respekt erzeugen sollte. Wer gerade steht, nutzt die ganze Höhe seines Körpers aus. Es ist kein Zufall, dass bei der Armeeausbildung das Strammstehen eine so wichtige Rolle spielt. Bevor Armeen zu wirklich effektiven Kampfverbänden modernisiert wurden, war es zudem üblich, durch hohe Hüte und gepolsterte Schultern die Körpergröße zu frisieren.

Die Haltung spielt sowohl im Sitzen als auch im Stehen eine große Rolle. Ein gebückter Gang wird immer unbewusst mit Schwäche, Leiden und Krankheit assoziiert. Eine Sitzhaltung, die eine Mischung aus Sitzen und Liegen ist, wird als unhöflich und bisweilen unverschämt angesehen, während ein aufrecht sitzender Mensch Wachheit und Aufmerksamkeit ausstrahlt.

6.1.2 Mimik

Die Rolle der Mimik ist vor allem in den ersten Momenten eines sozialen Kontaktes, eines Gespräches oder eines zufälligen Treffens entscheidend. Untersuchungen haben dies immer wieder bestätigt: der erste Blick geht in die Augen des anderen und verweilt auch die ersten Sekunden im Gesicht. Diese Regel gilt beinahe ohne Ausnahme – nur dann nicht, wenn ein Mann eine Frau trifft, die keine Kleider trägt.

Unbewusst entscheiden Menschen in den ersten Momenten eines ersten Kennenlernens, ob sie dem Gegenüber vertrauen. Auch andere Einschätzungen des Charakters geschehen in den ersten Sekunden. Statistiken zeigen zwar, dass diese spontanen Beurteilungen der Menschen öfter daneben liegen, als ins Schwarze treffen – dennoch ist dieser Reflex nicht zu vermeiden. So tief ist dieser Automatismus in unserem genetischen Code eingebrannt. Ein offenes und ehrliches Lächeln ist daher grundsätzlich der beste Gesichtsausdruck, wenn Sie bei Ihren Mitmenschen positiv im Gedächtnis bleiben und so Ihre Einfluss-Sphäre erweitern wollen. Aus verschiedenen Richtungen der Wissenschaft ist sogar zu vernehmen, dass der eigene Gesichtsausdruck eine Rückmeldung an das Gehirn liefert. Dies führt dann dazu, dass ein Mensch mit einem freundlichen Gesichtsausdruck auch tatsächlich freundlich und gutgelaunt ist, dafür sorgen entsprechende Hormonausschüttungen. Umgekehrt kann also ein ständig grimmiges Gesicht dazu führen, dass der Mensch auch tatsächlich ein Gefühl des Zorns in sich aufbaut. Dies also nebenbei als Grund, warum sich ein freundliches Lächeln immer lohnt.

Die Mimik zu beherrschen, gilt als hohe Kunst. Alleine schon deshalb kann nicht jeder ein guter Schauspieler werden, der das gerne möchte. Bekannte Darsteller in Film, Funk und auf der Bühne sind daher durchweg in der Lage, ein breites Mienenspiel zu zeigen. Schauspieler ohne Mimik sind stattdessen die Ausnahme: Keanu Reeves wird nachgesagt, nur einen einzigen Gesichtsausdruck zu haben, für jede Szene, in der er spielt. Auch Jodie Whittaker in ihrer neuen Rolle als Doctor Who, oder Hayden Christensen als Anakin Skywalker in Star Wars wurden dafür kritisiert. Dies sind aber wirkliche Ausnahmen im Filmgeschäft.

Es ist also nicht überraschend, dass es zahlreiche Anleitungen für den Alltag gibt, mit denen Menschen an ihrer Mimik arbeiten können. Menschen mit unehrlichen Absichten, oder solche, die etwas zu verbergen haben – solche Menschen vermeiden diesen Statistiken zufolge den Blickkontakt. Weil aber auch zwanghaftes Starren in die Augen des Anderen eher Misstrauen erweckt, haben verschiedene Karriereberater die Dauer von 3,3 Sekunden als idealen Blickkontakt bei einem ersten Treffen herausgefunden - und diese verweisen dabei auf britische Wissenschaftler.

Wie häufig und in welchen Situationen Sie blinzeln, wird ebenfalls interpretiert, genauso wie die Geschehnisse, welche Sie zum Wegblicken bewegen. Wenn Sie durch Ihre Mimik Einfluss ausüben wollen, müssen Sie auf eine Vielzahl unterschiedlicher Dinge achten.

- Blickkontakt wird nur dann als offen und angenehm empfunden, wenn es Alternativen gibt, also wenn Sie sich im Freien oder in einem großen Raum befinden. Im Aufzug oder im überfüllten Bus sollten Sie stattdessen Blickkontakt meiden

- Die Regel, dass ein ausweichender Blick einen Lügner enttarnt, stimmt nicht immer. Oft suchen gut trainierte Baron Münchhausens genau deswegen vermehrten Blickkontakt

- Blickkontakt muss auch ein Ende haben. Wird der Blickkontakt über die Dauer eines Gesprächs immer wieder gesucht, kann das als persönliches oder gar intimes Interesse fehlinterpretiert werden

- Die Augen sind ein Teil des Lächelns; lächeln sie nicht mit, wird das Lächeln als falsch empfunden

- Auch beim Lächeln gibt es Grenzen. Wird es nicht ab und zu unterbrochen, so interpretiert man es als Dauergrinsen und als unehrlich

- Auf der Bühne und im Film müssen beim Lächeln reichlich Zähne gezeigt werden, das sieht dann für den Zuschauer natürlich aus. Im echten Leben ist das nicht so

- Sie sollten immer ein Ziel für Ihre Augen haben. Wenn es nicht die Augen des Gegenübers sind, dann sollte es ein konkreter Gegenstand sein. Boden, Decke und der luftleere Raum sind tabu

- Beim Lachen gilt das Gleiche wie beim Lächeln: Augen lachen mit

- Sind Sie angespannt, so ist dies auch Ihre Stirn. Anders gesagt: lernen Sie, Ihre Stirn zu entspannen, so wirken Sie insgesamt entspannt und ausgeruht

- Die Brauen machen die ganze Mimik aus. Zu tief in die Augen gezogen offenbaren sie Zorn und Ärger, zu hoch gezogen wirken sie unecht. Halten Sie die Brauen entspannt und lassen Sie sie beim Sprechen mitreden.

6.1.3 Gestik

Bei der Gestik spielen die Hände eine große Rolle, sind aber bei Weitem nicht alles. Wollen Sie im Gespräch überzeugen, muss Ihr ganzer Körper offen sein. So gibt es die Regel, dass der Bauchnabel in die gleiche Richtung schauen soll, wie die Augen. Abweichungen davon werden als Unehrlichkeit wahrgenommen. Genau so wichtig ist es, dass Ihr Körper Ruhe und Gelassenheit ausstrahlt. „Die Füße stillhalten" ist nicht ohne Grund ein gängiges Sprichwort.

Mit einer Geste wird üblicherweise eine Bewegung verbunden. Die Gestik beginnt aber schon vorher. Ein Mensch, der mit verschränkten Armen dasitzt oder steht, wird bekanntermaßen als ablehnend empfunden. So strahlt der Körper, noch bevor die erste Geste vollführt wurde, schon Offenheit und Freundlichkeit, oder aber Ablehnung und Feindseligkeit aus.

Ein weiterer Aspekt der Körpersprache ist das Spiegeln der Gesten des Gegenübers. Aus einem nicht plausibel erklärbaren Grund fühlt sich der Mensch wohler, wenn der Gesprächspartner die selbe Körperhaltung einnimmt. Aufgestütztes Kinn? Dann macht er das auch. Entspanntes zurücklehnen im Stuhl? Wird kopiert. Wenn Sie also in einem Gespräch sind, dann ahmen Sie die Gesten und die Haltung Ihres Gegenübers nach. Damit sorgen Sie für unterschwelliges Wohlbefinden und gewinnen dadurch wieder an Einfluss. Aber hier ist Vorsicht angebracht. Dieses Phänomen ist vielen Menschen bekannt. Wenn Sie nun robotisch alle Bewegungen nachvollführen, kann es sein, dass Sie das Gegenteil erreichen. Ihr Gegenüber merkt, dass Sie gewollt die Gesten kopieren. Deshalb sollte auch diese Methode so natürlich wie möglich sein. Streuen Sie Ausreißer ein, zum Beispiel in dem Sie einige Sekunden warten, nach dem der Andere seine Position geändert hat, und erst dann die Ihre anpassen.

Die wichtigsten Gesten geschehen naturgemäß mit der Hand. Die Hände ermöglichen eine Vielzahl von Bewegungen und Figuren, die das gesprochene Wort unterstützen oder untermalen können. Im persönlichen Gespräch sind Gesten mit der Hand weniger wichtig, als zum Beispiel bei einer öffentlichen Rede. Vielmehr können Ihre Hände Ihr Ansinnen verraten, wenn Sie nicht achtgeben. Ich gehe darauf im Abschnitt über die Tells genauer ein.

Es ist dennoch wichtig, was Sie mit Ihren Händen machen, damit Sie Ihr Gegenüber nicht abschrecken. Die erste Regel deshalb: Hände aus der Tasche. Mit verborgenen Händen suggerieren Sie, dass Ihr Gegenüber sich noch vor anderen Dingen in Acht nehmen sollte, die Sie ihm oder ihr vorenthalten. Halten Sie Ihre Hände immer so, dass diese Offenheit durchblicken lassen. Zeigen Sie nicht mit dem Finger oder benutzen die Handflächen als Abwehrfläche. Lassen Sie die Hände ruhig und benutzen Sie sie als Untermalung des Gesprochenen.

Ein wichtiges Detail ist dabei, nicht den Inhalt Ihrer Erzählung nachzugestikulieren, sondern vielmehr die Gefühle, die damit einhergehen. Die Erzählung über ein schwieriges Schachspiel wird nicht unterstützt, in dem Sie mit den Händen Schachfiguren durch die Luft setzen – oder eine lange Autofahrt, in dem Sie die Lenkradbewegungen nachfahren. Solche Gesten wirken wie Clownsgebaren. Vielmehr sollten Sie mit den Armen die Weite der Autobahn oder Landstraße zum Ausdruck bringen, oder durch das Halten beziehungsweise Kratzen der Stirn die schwierigen Denkvorgänge im Schachspiel untermalen. Über die Gefühlsebene beziehen Sie Ihren Zuhörer in das Gesprochene mit ein und werden einen viel größeren Einfluss ausüben können. Diese Form der Manipulation wird Sie darüber hinaus auch als sympathischen und interessanten Gesprächspartner in den Gedächtnissen verankern.

6.1.4 Tells

Der Begriff des Tells kommt aus dem professionellen Pokerspiel – dort haben Tells und der Umgang mit ihnen allerdings auch großen Einfluss auf Sieg oder Verlust. Ein Tell ist eine unbewusste Geste, die dem Kenner Ihren inneren Gemütszustand verrät. Beim Poker kommt es oft zu Situationen, in denen ein Spieler einen irrationalen Spielzug macht. Damit versucht er, die Mitspieler in die Irre zu führen – zu glauben, er habe ein wesentlich stärkeres Blatt, als dies tatsächlich der Fall ist. Man nennt dies einen Bluff. Wer auf einen Bluff mit einer ebenso irrationalen Spielweise antwortet, hat meistens gewonnen, und dieses Verhalten bezeichnet man als „den Bluff auffliegen zu lassen“. Deshalb wäre es für einen Pokerspieler perfekt, wenn er jeden Bluff seiner Gegner sofort erkennen könnte. Hier kommen die Tells ins Spiel. Ein Bluff ist – im Rahmen des Spiels – eine Lüge. Wer sich beim Lügen unwohl fühlt, zeigt dies durch kleine Gesten. Häufig ist dies das Schaben der Nase oder ein Zupfen am Ohrläppchen. Auch schnellere Atmung oder ein Zucken der Augenlider, zwanghaftes

Grinsen oder nervöse Bewegungen des Kopfes können einen ungeübten Spieler verraten.

Die wichtigste Regel ist also – und jetzt sind wir wieder beim normalen Leben, und weg vom Pokertisch - Ihre Gesten unter Ihre völlige Kontrolle zu bringen, damit Sie nicht lesbar werden. Die Vielfalt der Signale, die Sie unbewusst aussenden, ist unerschöpflich. Kneifen Sie unmerklich die Augen zusammen, wenn Ihr Gegenüber eine Geste in Ihre Richtung macht? Das ist häufig ein Zeichen für Unsicherheit. Zuckt Ihr Körper kurz zurück, wenn Ihnen heftig widersprochen wird?

Fehlende Überzeugung dessen, was Sie gesagt haben, könnte hierfür der Grund sein. Ein gerissener Gesprächspartner nützt dies gnadenlos aus und kann Sie in die Enge treiben. So werden Sie zum Opfer der Manipulation. Auch außerhalb des Pokerspiels stärken Sie also Ihre Position, wenn man Ihre unbewussten Reaktionen nicht lesen kann.

Die absolute Königsdisziplin der Tells sind von Ihnen produzierte, also simulierte Tells. Wenn Sie es schaffen, unbewusst scheinende Reaktionen bewusst einzusetzen, dann können Sie manches Gespräch nach Belieben lenken. Dies funktioniert nicht bei Menschen, die so blind durchs Leben gehen, dass sie gar keine Gesten wahrnehmen. Umso besser allerdings können Sie diese Methode einsetzen bei denen, die sich viel mit der Materie beschäftigt haben und sich selber für Profis halten. Anhand eines typischen Pokerspiels lässt sich das sehr gut beschreiben:

1. Die Karten werden verteilt. Sie haben ein sehr starkes Blatt erhalten.

2. Sie sind an der Reihe, zu setzen. Natürlich wollen Sie möglichst viele Chips der anderen Spieler in den Pott bekommen. Wenn Sie nun einen eher hohen Betrag setzen, machen Sie Ihre Mitspieler auf Ihr starkes Blatt aufmerksam, und keiner wird mitsetzen. Sie gewinnen zwar, aber die Höhe des Gewinns bleibt überschaubar. Setzen Sie stattdessen niedrig, werden tendenziell mehr Spieler mitgehen, aber der Pott wächst nur langsam.

3. Gelingt es Ihnen, Ihre Mitspieler glauben zu machen, dass Sie ein schwaches Blatt haben, dann gehen auch viele von ihnen mit. Hier kommt der simulierte Tell zum Einsatz. Machen Sie eine kleine Geste der Unsicherheit, dann setzen Sie hoch.

4. Aufmerksame Mitspieler sehen diesen Tell und gehen davon aus, dass Sie bluffen. Hat einer dieser Spieler ein mittelmäßig starkes Blatt, wird er mit Ihrem Setzbetrag gleichziehen und sich darauf verlassen, mit seinem Blatt den Pott zu gewinnen. Hat er ein schwaches Blatt, wird er auf Ihren Setzbetrag noch einen weiteren Einsatz setzen. Damit hofft er, dass Ihr Bluff auffliegt, und er den Pott ohne Risiko einstreichen kann. Gleichzeitig hält er, ob des großen Potts, andere Spieler davon ab, mit einzusteigen. Das ist gut, denn die würden sein Risiko vergrößern. Wenn Sie wieder am Zug sind, können Sie den Setzbetrag des anderen gleichziehen und ihn so zum Zeigen der Karten zwingen – Sie haben dank Ihres starken Blatts gewonnen. Noch besser ist es, wenn Sie Ihrerseits noch einmal den Wetteinsatz erhöhen. Der Gegenspieler wird dann in den meisten Fällen aussteigen, weil sein Blatt nicht stark genug ist, und er

annehmen muss, dass Sie gar nicht geblufft haben. Dann haben Sie den Pott ohne Risiko gewonnen. Vielleicht ist Ihr Gegner aber schon so tief drin, das heißt, er hat so viele Chips eingesetzt, dass er nicht so einfach aussteigen will – dann wird er Ihren letzten Setzbetrag noch gleichziehen. Im Showdown der Karten haben Sie mit dem starken Blatt gewonnen, mithin etwa einen drei Mal so großen Pott – nur dank des simulierten Tells.

Gute Spieler werden sich von einem simulierten Tell nicht oft hinters Licht führen lassen, denn sie lernen aus Ihrem Verhalten. Das echte Leben ist aber viel komplexer als ein Pokerspiel. Daher werden gekonnt eingesetzte Fake-Tells auch lange Zeit nicht auffallen, und Sie können sich als Meister der Manipulation langsam nach oben bewegen.

7 Menschen lesen

7.1 Die Körpersprache der Menschen durchschauen

Das Guinness Buch der Weltrekorde schreibt Sherlock Holmes den Titel der berühmtesten Filmfigur aller Zeiten zu, die von über zweihundert Schauspielern auf der großen Leinwand gespielt wurde. Was aber macht Sherlock Holmes so einzigartig und so besonders, dass er eine solch begehrte Position in der Filmgeschichte für sich beanspruchen konnte?

Nun, obwohl er viele andere Qualitäten und Eigenschaften hat, welche die Zuschauer an ihre Bildschirme fesselten, kann man den Fakt nicht leugnen, dass seine größte Fähigkeit in seinem Vermögen liegt, Personen und Situationen zu studieren, zu beobachten und korrekte Annahmen über sie treffen zu können. Jeder, der mit dem Charakter vertraut ist, kann bestätigen, dass Holmes den Ruf erworben hat, Menschen richtig lesen und analysieren zu können, noch bevor sie überhaupt den Mund aufmachen. Dies begründet die Anziehungskraft des Holmismus für seine Fans.

Das größte Unterscheidungsmerkmal zwischen den Menschen und allen anderen Tieren auf niedrigeren Intelligenzstufen, ist nicht nur ein leistungsstärkeres Gehirn oder eine einzigartige Morphologie, es ist die Entwicklung eines perfekten Kommunikationssystems zwischen den Menschen, das es uns ermöglicht, Ressourcen zu teilen, zu diskutieren, logische Entscheidungen zu treffen und gemeinsam zu handeln. Die Macht der Kommunikation auf höchster Ebene ist der einzige Grund, weshalb der Mensch in der Lage war, den Planeten Erde zu erobern und seine Dominanz über ihn aufrechtzuerhalten. Daher ist es offensichtlich, dass die Kommunikation zwischen Menschen auch weiterhin reibungslos funktionieren muss.

Unglücklicher- oder glücklicherweise sind Menschen jedoch nicht immer aufrichtig mit ihren Absichten und folglich auch nicht in ihrer Kommunikation. Aus einer Vielzahl von Gründen können Menschen, mit denen Sie in Kontakt kommen, bewusst oder unbewusst versuchen, ein entgegengesetztes Bild von dem zu projizieren, was sie wirklich sind. Sie können versuchen, ihre Qualitäten und Eigenschaften zu verstecken oder zu übertreiben, indem sie ihr äußeres Erscheinungsbild falsch darstellen. Eine solche Täuschung kann jedoch nicht unbedingt die besten Absichten für Sie und Ihre Interessen darstellen.

Und genau deshalb müssen Sie in der Lage sein, sowohl Menschen, als auch ihre Handlungen und Worte zu entschlüsseln, um die wahren Absichten dahinter verstehen zu können.

Menschen zu vertrauen oder wichtige Entscheidungen allein aufgrund offensichtlicher oder äußerer Hinweise zu treffen, kann gefährlich sein und Sie in die Irre führen. Deswegen ist es äußerst wichtig, sich die Fähigkeit anzueignen, die es einem ermöglicht, hinter die Fassade des Offensichtlichen zu schauen. Sie müssen in der Lage sein, das Gesagte oder Getane auf einer anderen Ebene, als nur auf der, auf der es gesprochen oder getan wurde, zu verstehen.

Es spielt keine Rolle, dass Sie kein Psychologe, Psychiater, Ermittler, Anwalt, Spezialagent, Arzt oder Sozialwissenschaftler sind, jeder Mensch will und braucht die Fähigkeit, über das Offensichtliche hinaus zu sehen. Dieses Buch ermöglicht es Ihnen, genau dies zu tun. Die meisten Techniken sind einfach in die Tat umzusetzen, aber sie alle benötigen kontinuierliches Üben, um sie zu verinnerlichen und richtig anzuwenden.

Übung ist der kleinste Preis, den Sie für die Fähigkeit, Menschen zu lesen, bezahlen können. Lesen Sie einfach weiter und setzen Sie das Gelesene in die Tat um, damit Sie sich mit der besten Waffe ausrüsten, die ein Mensch in seinen täglichen sozialen und geschäftlichen Interaktionen besitzen kann!

7.2 Warum es wichtig ist Menschen lesen zu können

Fast alle Menschen sind genetisch ähnlich, mit jeweils 46 Chromosomen ausgestattet, abgesehen von einigen speziellen Menschen mit einem zusätzlichen Chromosom, dem „Menschen-lesen-Chromosom". Die erfolgreichsten Menschen in der Geschichte hatten alle dieses zusätzliche Gen. Sie waren in der Lage, hinter die Fassade zu sehen und die Menschen zu verstehen, mit denen sie es zu tun hatten. Die meisten Menschen lassen sich in bestimmten Situationen von anderen Individuen täuschen und das einzig und allein deswegen, weil ihnen das „Menschen-lesen-Chromosom" fehlt. So viele Menschen haben das Gefühl, keine andere Wahl zu haben, als dass sie jede Aussage, Bemerkung und Handlung, mit der sie konfrontiert werden, täglich als die reine Wahrheit akzeptieren müssen, bis womöglich das Gegenteil bewiesen ist.

Die überwiegende Mehrheit der Menschen nimmt Worte als ihre primäre und meist einzige Quelle der Kommunikation und Informationsübertragung wahr. Leider ist dies nicht die sicherste Herangehensweise und es führt ständig zu großer Enttäuschung und immer wieder zu Versagen. Nimmt man einen Menschen lediglich beim Wort, bleibt man seinen Machenschaften ausgeliefert, wird stark benachteiligt und hinkt von Anfang an hinterher.

Klingt das falsch oder sind Sie immer noch nicht davon überzeugt, dass es gefährlich ist, sich nur auf die Worte und Handlungen zu stützen, die Sie zu sehen und hören bekommen? Nun, erlauben Sie mir, mir wissenschaftliche Unterstützung zur Hand zu nehmen. Eine UCLA-Studie unter der Leitung von Albert Mehrabian hat folgendes gezeigt:

„Nur 7 Prozent der Kommunikation basiert auf den tatsächlichen Worten, die wir sagen. Für den Rest gilt, 38 Prozent stammen aus dem Tonfall und die restlichen 55 Prozent aus der Körpersprache.“

Man mag die genauen Prozentsätze infrage stellen, es ist jedoch ziemlich offensichtlich, dass Worte allein keine Gewissheit über den Geisteszustand oder die Absichten des Sprechers geben. Wie oft wurde Ihnen etwas vermittelt, nur um Sie anschließend zu enttäuschen? Wie oft wurde Ihnen ein Versprechen gegeben und Sie haben herausgefunden, dass es falsch war? Wie viele Zusicherungen haben Sie erhalten, die sich als schlechter Rat erwiesen haben? Wie oft wurde Ihr Vertrauen absichtlich missbraucht, ohne irgendwelcher Anzeichen bis zu dem Zeitpunkt, an dem es gebrochen wurde?

Nun, die Wahrheit ist, dass wir alle schon unzählbar oft in dieser Situation waren. Selbst die fähigsten Psychologen und Gedankenleser werden gelegentlich hereingelegt. Das Schlüsselwort ist „gelegentlich“. Selbst der „allmächtige“ Sherlock Holmes wurde wenige Male getäuscht, jedoch ist das wichtigste Wort „wenige“.

Bitte verstehen Sie mich nicht falsch. Ich möchte keinesfalls das Bild vermitteln, dass wir von den meisten Menschen belogen und hintergangen werden. Es gibt so viele Menschen die nichts Böses im Schilde führen und auch nicht versuchen, Sie auf irgendeine Art zu manipulieren. Dennoch ist es meiner Meinung nach äußerst wichtig, dass Sie die Fähigkeit haben, zu erkennen, ob Ihr Gegenüber ehrlich zu Ihnen ist oder eben nicht.

Einfach ausgedrückt und vielleicht sogar zu einfach gesagt: Sie müssen lernen, Menschen zu lesen, damit Sie ihnen nicht aktiv dazu verhelfen, sich einen Vorteil über Sie zu verschaffen. Manchmal müssen Sie Menschen verstehen lernen, damit Sie ihnen helfen können, vielleicht Sie selbst aus einer Zwickmühle zu befreien.

Oder oft können Menschen nicht aus sich herauskommen und einfach fragen, was sie fragen möchten. Indem Sie aber die nonverbalen und subvisuellen Hinweise und Anzeichen, die ihr Gegenüber durchscheinen lässt, entschlüsseln, können Sie jedem eine Menge missverstandene Absichten, Zeit, Kosten und Mühe ersparen.

Wie es Loren Miner, COO der Recruitment-Firma Decision Toolbox, formulierte; „Einfühlsame Menschen sind immer erfolgreicher im Leben und in ihrer Kariere“. Sie müssen in der Lage sein, die Intention Ihres Gegenübers völlig zu verstehen. Sie müssen geschickt darin sein, die Informationen zu erlangen, die die Menschen lieber vor Ihnen verbergen würden. Dies ist der Schlüssel und das Ziel des Lernens, Menschen zu analysieren.

7.3 Die Vorteile des Menschen-Lesens

Eine Person lesen zu lernen ist wichtig, aber was sind die ganz genauen Gründe warum die Fähigkeit, Menschen lesen zu können, ein Muss ist? Einige der herausragenden Gründe sind:

Verschaffen Sie sich einen Vorteil: Es geht nicht darum Menschen zu täuschen, Sie können aber lernen, während Verhandlungen einen Vorteil gegenüber anderen Menschen zu bekommen, indem Sie Ihren Blick schärfen und Ihre Lesefähigkeit des Verhaltens Ihres Gegenübers verbessern.

Ein klassisches Beispiel ist das sogenannte Poker-Face während des Spiels. Beobachtet ein erfahrener Pokerspieler bestimmte Zeichen, kann er Hinweise über den aktuellen Spielstand seines Gegners erahnen. In ähnlicher Weise kann es Ihnen dabei helfen, Hinweise über die wahre Gemütslage einer anderen Person wahrzunehmen und ihre Absichten und / oder ihr nächstes Vorgehen zu erkennen. Dadurch wird Ihnen eine unschätzbare Hilfe bei Verhandlungen zuteil und Sie erhalten die Möglichkeit, mit einem Vorteil zu handeln.

Schützen Sie sich vor Täuschung: Menschen, die andere täuschen wollen, gehen oft sehr durchdacht dabei vor. So planen sie beispielsweise ihre Wortwahl und ihre Erklärungen im Voraus, sodass die Äußerungen oft sehr durchdacht erscheinen. Dadurch wird es für Sie als Gegenüber sehr schwer zwischen den Zeilen zu lesen, da solche Menschen absolute Kongruenz (Übereinstimmung) in Sprache und Körpersprache aufweisen. Somit können potenziell verräterische Anhaltspunkte untergehen, sodass ein zusätzliches Entwickeln sensorischer Fähigkeiten vonnöten ist, um diese Täuschungsmanöver dennoch aufdecken zu können.

Sie müssen durch Ihren natürlichen Sensor und Ihr geschultes Auge in der Lage sein, Täuschungen zu erkennen und zu vermeiden. Beispielsweise sind andauerndes Zappeln der Füße, ständiges Blinzeln oder fehlende Gelassenheit Ihres Gegenübers alle Zeichen, die Ihnen helfen können Täuschungsversuche offenzulegen und zu vermeiden.

Wissen, wem Sie vertrauen können: Es ist schwierig, vertrauenswürdige Menschen zu finden, die das ihnen geschenkte Vertrauen schützen. Manchmal erscheinen sie nicht als zuverlässig.

Ein anderes Mal treffen Sie Menschen, deren Charaktereigenschaften Ihnen als vertrauensvoll erscheinen, die jedoch in Wirklichkeit fragwürdig sind. Durch Ihre erlernten Analyseeigenschaften sind Sie dann in der Lage, über das Offensichtliche hinauszusehen, und Sie können diese Menschen leicht erkennen.

Genaue Einschätzung von Fähigkeiten und Handlungen: Gerade bei Teamwork oder beim Vergeben von Aufgaben ist es wichtig, die individuellen Fähigkeiten und Kompetenzen Ihres Gegenübers einschätzen zu können. Es ist üblich, dass Menschen versuchen, kompetenter zu erscheinen, als sie es in Wirklichkeit sind. Doch durch die hier vorgestellten Methoden werden Sie in der Lage sein, eine Reihe von Hinweisen über die Körpersprache Ihres Gegenübers zu deuten, sodass Sie sich dadurch in eine bessere Position versetzen, die wahre Kapazität und Fähigkeit ihres Gegenübers einschätzen zu können.

Schützen Sie sich vor Enttäuschungen: Haben Sie jemals Ihr Schicksal in die Hände einer anderen Person gelegt, nur um dann enttäuscht zu werden? Nun, jeder hat dies schon einmal getan und die Folgen davon getragen und deshalb müssen Sie lernen, die Alarmglocken zu hören, wenn Sie auf ein potenzielles Risiko zusteuern. Dadurch schützen Sie sich vor Enttäuschungen,

Auseinandersetzungen und Schlimmerem.

Treffen Sie korrekte Schlussfolgerungen und Annahmen: Viele Lebensentscheidungen basieren auf reinen Vermutungen und wenig soliden Fakten. Oft können wir nur aus den Eigenheiten und dem allgemeinen Verhalten der Menschen um uns herum schlussfolgern. Wenn Sie allerdings lernen diese zu interpretieren, werden Sie weniger Fehlentscheidungen in Ihrem Leben treffen. Sie können Situationen leichter einschätzen und mit größerer Genauigkeit sagen, was von den involvierten Personen zu erwarten ist.

7.4 Die 8 effektivsten Wege die Körpersprache zu lesen

Nachdem nun ausführlich behandelt wurde, warum Sie lernen müssen, Menschen zu analysieren, werden wir uns nun mit folgender Frage beschäftigen: „Wie kann ich Menschen lesen?“ Leider sehen viele Leute diese Kunst nur als Spekulation und uninformierte Vermutung an. Obwohl es natürlich immer ein kleines Fenster für Fehler gibt, können Sie dennoch lernen, Menschen mit bestimmten Techniken deutlich besser zu lesen.

Wie Judith Orloff jedoch mutmaßte: „Sie alle setzen aber voraus, pure Logik außen vor zu lassen, um alternative, nicht-geradlinige Informationen empfangen zu können.“

Im Wesentlichen müssen Sie aufnahmebereit und aufmerksam sein, um diese Techniken anzuwenden. Sie müssen in der Lage sein, auch nur die kleinsten Hinweise zu beobachten und sich klar machen, dass Ihr Gegenüber im Gegensatz zu dem, was er Sie glauben lässt, auch lügen könnte.

7.4.1 Die Erste-Eindruck-Technik

Dies ist eine der am wenigsten genutzten Fähigkeiten, die wir Menschen besitzen. Treffen wir einen Menschen, ist das erste, das unser Gehirn automatisch macht, diese Person nach Hinweisen zu analysieren, die uns helfen zu mutmaßen, um was für eine Art Person es sich handelt.

Leider passiert diese Analyse meist unbewusst, sodass die Ergebnisse nicht in unser Entscheidungsverhalten der Person gegenüber mit einfließen. Dementsprechend ist es von großer Wichtigkeit, dass wir uns die von unserem Gehirn durch automatische Analyse entstandenen Ergebnisse bewusst machen und diese in unsere Haltung, beziehungsweise Einstellung der Person gegenüber, integrieren.

Was sind die ersten Dinge, die Ihnen auffallen, wenn Sie einen neuen Mitarbeiter ansehen?

Strahlt er Selbstbewusstsein aus? Wie ist sein Erscheinungsbild? Trägt er glänzende Schuhe? Dies kann bedeuten, dass er selbstsicher ist und auf seine Fähigkeiten vertraut.

Geht er gebeugt oder aufgerichtet auf Sie zu? „Gebeugt" könnte heißen, dass er sich von Ihnen eingeschüchtert fühlt.

Ist der erste Handschlag kräftig und langanhaltend? Dann versucht er womöglich dominant zu sein.

Ist seine allgemeine Körpersprache, die eines Menschen, der sich wohlfühlt oder die eines Menschen, der sich unbehaglich fühlt?

Der erste Eindruck ist oft richtig, jedoch müssen Sie auch etwas Vorsicht walten lassen, bevor Sie Ihr gesamtes Urteil auf dieser Basis fällen. Manche Reaktionen können auf äußerlichen Umständen beruhen.

So kann sich ein normalerweise selbstbewusster Mensch, eingeschüchtert oder unwohl fühlen, einfach weil er gerade unter einer übermäßigen Belastung steht. Oder eine Person mag besonders aufgeregt oder sorglos aussehen, weil sie gerade beunruhigende oder gute Neuigkeiten erhalten hat.

Wie Sam Gosling sagte: „Erste Eindrücke sind oft sehr hilfreich, aber man muss bereit sein, sie schnell zu aktualisieren. Und das ist es, was wirklich schwer daran ist."

Stellen Sie sich vor, dass Sie der Personalleiter einer Firma sind und Sie haben ein Vorstellungsgespräch für einen Praktikanten geplant. Dieser kommt jedoch zu spät, ist unangemessen lässig gekleidet und wirkt während des Gespräches unkoordiniert und nicht bei der Sache. Jedoch beantwortet er Ihre Fragen ausreichend gut.

Was für eine Schlussfolgerung ziehen Sie nun daraus? Der Praktikant könnte entweder an schwachen Nerven oder an einem mangelnden Selbstvertrauen leiden. Dies sollte Ihr erster Eindruck sein, auf dem Sie aufbauen.

Ziehen Sie jedoch auch in Betracht, dass er eventuell auf seinem Weg zum Interview außergewöhnlichen Umständen ausgesetzt war, die ihn nervös gemacht haben könnten.

Take-away:

Erste Eindrücke sind oft genau. Empfangen Sie sie nicht einfach nur und speichern sie in der letzten Ecke Ihres Gehirns ab. Der Eindruck, den Sie schon vor dem Sprechen von einer Person gewonnen haben, ist meistens unvoreingenommen und unparteiisch, da Sie noch keine Gelegenheit hatten, etwas anderes von der Person zu denken.

Das Erscheinungsbild oder ein Händedruck können Ihnen viel mehr über einen Menschen verraten als seine ersten Worte.

7.4.2 Die Intuitions-Technik

Intuition oder Bauchgefühl ist eine unterbewusste Alarmglocke, um uns auf die Untertöne in einem Gespräch aufmerksam zu machen. Sie können möglicherweise nicht erklären, warum Ihre Intuition Sie vor einer bestimmten Entscheidung oder Beziehung warnt, aber Sie sollten sie niemals ignorieren. Intuitionen entstehen aus unserem sechsten Sinn.

Unser Körper analysiert ständig bestimmte Hinweise, die wir an der Oberfläche möglicherweise nicht wahrnehmen und produziert als Ergebnis unser Bauchgefühl. Intuition kann Ihnen helfen, Aufgaben in einer bestimmten Reihenfolge zu erledigen. Sie kann Ihnen helfen, die Wünsche Ihres Partners, die Bedürfnisse Ihres Chefs oder die Gefühle eines Freundes zu erkennen.

Viele Leute winken die Vorschläge ihrer Intuition ab, weil sie diese nicht mit dem, was sie sehen, in Einklang bringen können, aber wie oft haben Sie schon zusätzliches Geld oder Anstrengungen gespart, nur weil Sie sich entschieden haben, auf Ihr Bauchgefühl zu hören?

Sie müssen Ihrem Instinkt vertrauen, um ein erstes Urteil zu fällen und Ihren Ansatz dann entsprechend zu verfeinern.

<u>Take-away:</u>

Intuition ist der subtilste und doch einer der schärfsten und feinfühligsten Sinne, den der menschliche Körper besitzt. Indem Sie lernen, auf Ihr Unterbewusstsein zu hören, können Sie weitere

Anhaltspunkte ableiten, die Ihnen helfen, die offensichtlichen, beobachtbaren Zeichen zu interpretieren. Ignorieren Sie niemals die Alarmglocken in Ihrem Hinterkopf. Erkunden Sie auch die Möglichkeiten, die sich aus ihnen ergeben.

7.4.3 Die Gesichtsausdruck-Technik

Nun folgen zwei Techniken in einer. Das menschliche Gesicht ist die „ausdrucksstärkste" Oberfläche, die dem Menschen bekannt ist. Ich wiederhole, auch auf die Gefahr hin, dass es wie ein Klischee klingt, dass „das menschliche Gesicht ein Fenster zur Seele ist".

Jede bekannte Emotion kann vom Gesicht eines Menschen abgelesen werden. Es hat eine der dichtesten Ansammlungen verschiedener Muskeln, die zusammenarbeiten, um eine breite Palette von Gesichtsausdrücken zu produzieren. Gesichtsausdrücke lesen zu lernen, kann daher eine große Hilfe sein.

Was bedeuten verschiedene Ausdrücke? Ein verzerrtes Gesicht kann mangelndes Interesse oder Herablassung bedeuten. Ein breites, echtes Lächeln zeigt Interesse und Loyalität an. Eine tief gefurchte Stirn kann der Vorbote einer möglichen Meinungsverschiedenheit sein oder auf einen andauernden Nörgler hinweisen. Ein glattes, ausdrucksloses Gesicht mit einem abwesenden Blick kann heißen, die Person hat abgeschaltet oder kann auch auf eine kalkulierende Person hindeuten.

Es ist schwer, die richtigen Gesichtsausdrücke zu fälschen, um andere zu täuschen. Wenn Sie also genug Erfahrung haben, können Sie immer sagen, wann ein bestimmter Ausdruck nur geschauspielert ist. Um dies zu beurteilen, achten Sie auf die

Augen Ihres Gegenübers. Obwohl dies ziemlich gefährlich sein kann, kann es Ihnen helfen, unehrliche Absichten abzuwehren, besonders wenn Ihr Gegenüber kein Experte im Lügen oder im Verbergen seiner Gefühle ist.

Take-away:

Zu Lernen das menschliche Gesicht und seine ganze Ausdrucksvielfalt zu studieren, ist beim Analysieren von Menschen sehr wichtig. Lernen Sie, jede Gesichtsgebärde angemessen zu interpretieren. Viele Male stimmen Wörter und Mimik nicht überein. In solchen Fällen ist es besser, seine Rückschlüsse aus der Mimik des Gegenübers zu ziehen.

7.4.4 Die Proxemik-Technik

Dies ist der größte Teil im Versuch Menschen zu lesen. Proxemik bezieht sich auf das Erforschen der Beziehung zwischen Menschen und dem Raum um sie herum. Ihre Körperhaltung, Ihre Art zu gehen und Ihre Sitzposition bieten alle einen potenziellen Einblick in Ihren Gemütszustand.

Wie Philip Redhead es ausdrückte: „Wenn Augen die Fenster in deine Seele sind, dann ist die Körpersprache ein Spiegel unserer Gefühle.“ Sie können die Gefühle, Neigungen oder Absichten einer Person leicht aus der Art lesen, wie sie geht, ihre Hände hält, usw. Deshalb ist es absolut wichtig, dass Sie verstehen, worauf Sie achten sollten.

Bedenken Sie: Aus den 2000 gefilmten Verhandlungen von Gerard I. Nierenberg und Henry H. Calero, den erfahrenen Verfassern und Autoren von „How to Read a Person Like a Book”, kam es zu keiner einzigen Einigung, wenn einer der Vertreter die Beine überkreuzt hatte. Dies zeigt deutlich, dass zum Beispiel das Überkreuzen der Beine Widerstand oder Uneinigkeit bedeutet. Die Handflächen nach oben offen halten bedeutet Unterwerfung.

Andererseits sprechen und kommunizieren Menschen mit hohem Selbstvertrauen oft mit nach unten zeigenden Handflächen. Sich an den Ohrläppchen zu ziehen, könnte Täuschung, Lügen oder möglicherweise Unentschlossenheit bedeuten. Kopfnicken zeigt in der Regel Interesse und Aufmerksamkeit, aber übermäßiges Kopfnicken könnte bedeuten, dass sich jemand langweilt und höflich bemüht ist, der Unterhaltung zu folgen. Wenn eine Person in einer offenen Haltung direkt vor Ihnen steht, bedeutet das, dass sie Ihnen ihre volle Aufmerksamkeit schenkt.

Wenn eine Person sich plötzlich von Ihnen wegdreht oder zusammenzuckt, während sie spricht, fühlt sie sich vielleicht nicht mehr wohl oder sie zeigt eventuelle Gleichgültigkeit gegenüber dem Gesagten. Menschen mit hohem Selbstvertrauen gehen oft mit kühner Gangart.

Auf der anderen Seite bewegen sich Menschen mit geringem Selbstwertgefühl oft mit hängenden Schultern und schlurfenden Füßen. Sie versuchen, sich so klein wie möglich zu machen.

Take-away:

Die Anzahl möglicher Körperbewegungen, die auf den Geisteszustand schließen lassen, ist praktisch unbegrenzt. Die meisten Menschen sind sich nicht einmal bewusst, dass sie diese Zeichen aussenden. Dies gibt Ihnen einen Zugang, die Gefühle und Gedanken ihres Gegenübers zu beurteilen. Indem Sie diese Zeichen beobachten und entschlüsseln, können Sie lernen, sie besser zu verstehen.

7.4.5 Die Stimme- und Sprache-Technik

Menschen versuchen hauptsächlich durch Worte und Sprache zu kommunizieren. Während ich Sie angehalten habe zu lernen, Menschen auf anderen Wegen als ihren Worten zu analysieren, wäre es völlig nachlässig, überhaupt nicht darauf zu achten, was sie sagen. Worte und die Art, wie sie gesagt werden, spielen immer noch eine Schlüsselrolle bei der Bestimmung dessen, was die andere Person meint.

Menschen ändern ihre Stimmlage bewusst oder unbewusst, um sie den Situationen und Emotionen anzupassen. Es ist bekannt, dass Männer, die sich für eine bestimmte Frau interessieren, leise sprechen. Eine tiefere Stimme weist oft auf eine emotionale Verbindung hin. Die Wahl der Worte und die Sprechgeschwindigkeit sind auch als wichtige Faktoren zu berücksichtigen.

Die Forschung hat gezeigt, dass Menschen, die häufig das Pronomen „Ich" benutzen, sich oft unsicher fühlen und versuchen, ihr Ego aufzublähen. Beachten Sie auch, wenn die Person, mit der Sie sprechen, sehr schnell spricht. Es könnte eine geplante Entschuldigung ankündigen, oder Unbehagen oder den Wunsch darstellen, die Dinge schnell hinter sich zu bringen.

Zögerliches Sprechen kann auch bedeuten, dass der Sprecher sich nicht sicher ist, was er sagt, oder welche Wirkung das Gesagte in Ihnen hervorrufen könnte.

Take-away:

Geben Sie Ihrem Gegenüber die Chance zu sprechen. Beobachten Sie dann die Art, wie er redet, seine Wortwahl und die Sprechgeschwindigkeit. Spricht er seine Worte deutlich oder nuschelnd aus? Lässt er Sätze in der Luft hängen? All dies kann Ihnen helfen, seine Absichten schneller zu entmystifizieren.

7.4.6 Die Ratespiel-Technik

Wir alle verwenden diese Technik mehrere Male am Tag. Zum Beispiel, wenn Sie versuchten, Ihr Kind zu beruhigen, indem Sie fragen, was los ist. Dann fangen Sie an zu raten: „Willst du noch mehr Süßigkeiten?" oder „Willst du jetzt nach Hause gehen?" Auf die gleiche Art und Weise, wie wir Kindern Informationen entlocken, können Sie eine Vielzahl subtiler Ratespiele anwenden, um Ihre Zweifel aus dem Weg zu räumen.

Stellen Sie eindringliche und direkte Fragen, wenn Sie das Gefühl haben, dass Ihr Gegenüber zaudert oder lügt. Sie dürfen nicht vage oder offen sein. Stellen Sie Fragen, auf die die andere Person bejahend oder verneinend antworten muss. Manchmal kann die richtige Frage einen Menschen aus dem Gleichgewicht bringen und ein ehrliches Geständnis oder eine Erklärung erzwingen. Selbst wenn sie nicht wirklich ein Geständnis ablegt, wird sie gezwungen, ihre Ausdrucksweise zu ändern, welche Sie dann leicht beobachten können, um Ihr Urteil zu fällen.

Eine verfeinerte Herangehensweise besteht darin, den Körper des Anderen mit den Händen festzuhalten, während man solche Fragen stellt, natürlich abhängig davon, ob ihre Beziehung zueinander dies erlaubt. Wenn Ihre Fragen den richtigen Nerv treffen, wird sich der Körper anspannen und Sie können dies leicht spüren.

Take-away:

Die Kunst der Analyse durch Raten und Nachhaken wurde schon immer von Kriminalbeamten und Polizeibeamten im Umgang mit Verdächtigen angewandt und hat sich als Goldmine zur Entdeckung von Unwahrheit durch zufällige Stichproben erwiesen. Stellen Sie mehrdeutige Fragen und warten Sie auf die Antwort.

Achten Sie auch auf die Art und Weise, wie Sie die Antwort erhalten und ob Ihr Gegenüber angespannt ist oder sich unwohl zu fühlen scheint; vielleicht haben Sie soeben ins Schwarze getroffen.

7.4.7 Die Grundlinie vs. Abweichungs-Technik

Nicht alle äußeren Zeichen bedeuten das, was Sie denken. Manchmal sind es nur Gewohnheiten, die sich in einen Menschen eingeschliffen haben. Jeder hat eine Grundlinie, eine einzigartige für sich typische Grundausstattung von Gesten, die er benutzt. Manche Leute spielen mit ihren Mobiltelefonen, andere streichen sich mit der Hand durchs Haar. Und wieder andere falten wiederholt die Hände oder scheinen nervös zu kauen.

Sie müssen die Grundlinie jeder Person verstehen, bevor Sie versuchen, sie zu lesen. Wenn man die Grundlinie kennt, ist es weniger wahrscheinlich, dass man harmlose Gesten mit etwas Wesentlicherem und Handfesteren verwechselt. Nehmen Sie sich ein paar Momente Zeit, die Person, die Sie analysieren möchten, unter neutralen Umständen zu beobachten und beachten Sie die kleinen Gesten und Bewegungen, die sie macht. Diese bilden ihre Grundlinie.

Wenn die Person plötzlich das Muster ändert oder gänzlich davon abweicht, könnte es ein Anzeichen dafür sein, dass etwas Wichtiges im Gange ist.

Take-away:

Jeder hat eine Sammlung von Gesten, die ihm unter neutralen Umständen zu eigen ist. Isoliert betrachtet, können sie wie Alarmsignale erscheinen, aber eigentlich sind sie nur tief verwurzelte Gewohnheiten. Sie müssen jede Person für einige Momente kritisch in neutralen oder anderen Umständen betrachten, um ihre Grundlinie zu verstehen. Jede Form der Abweichung von der bestehenden Grundlinie kann dann auf eine Änderung der Absicht, der Gedanken oder der Handlungen hinweisen.

7.4.8 Die Vergleichs- und Kontrast-Technik

In engem Zusammenhang mit der „Grundlinie-vs.-Abweichungs-Technik" können Sie auch feststellen, ob Ihre Analyse richtig ist, indem Sie die Interaktion Ihres Gegenübers mit anderen Menschen beobachten. Sind Sie bei einem Treffen und versuchen abzuschätzen, ob Sie soeben eine absichtliche und harsche Abfuhr erhalten haben?

Beobachten Sie, wie die Person andere Menschen behandelt und mit ihnen spricht. Spricht sie auf dieselbe herablassende Weise zu ihnen? Oder scheint sie für Sie eine Ausnahme zu machen, um Sie zu verletzen? Achten Sie auch darauf, wie sich die Person verhält oder sich unter früheren oder mildernden Umständen in der Vergangenheit verhalten hat. Ist ihre Reaktion genau so, wie Sie es aufgrund der Vorgeschichte erwarten würden? Oder ist es eine deutliche Abweichung? All dies kann Ihnen helfen zu beurteilen, ob eine Überraschung bevorsteht und Sie auf plötzliche Wendungen vorbereiten.

Take-away:

Wenn Sie Ihr Gegenüber unter anderen Umständen beobachten, können Sie einen besseren Hinweis auf die Aufrichtigkeit oder Bedeutung seiner Handlungen und Gesten erhalten. Schauen Sie sich an, wie sich die Person mit anderen Leuten verhält. Gibt es Unterschiede in der Art, wie sie sich mit Ihnen verhält? Dies kann Ihnen sehr dabei helfen, die richtige Analyse und Schlussfolgerung vorzunehmen.

7.5 Typische Fehler bei der Analyse der Körpersprache

Wir sind uns einig, dass Sie in der Lage sein müssen, Menschen zu lesen. Warum ist es dabei absolut notwendig, dass Sie die richtigen Techniken zur Analyse von Menschen haben? Warum ist es absolut wichtig, nicht in die Falle zu tappen, zu denken, Sie verstehen die Unterströmungen, wenn Sie im eigentlichen Sinne den falschen Fluss hinauf schwimmen? Das Einzige, das gefährlicher ist als Zeichen und Körperhinweise nicht lesen zu können, ist es, diese falsch zu lesen. Denken Sie für einen Moment darüber nach.

Es ist tatsächlich gefährlicher, mit einem Boot den falschen Fluss hinauf zu paddeln, als überhaupt nicht zu paddeln. Eine falsche Analyse bemerkt man nicht sofort. Es wird einige Zeit dauern, bevor Sie erkennen, dass Sie falsch lagen, und in der Zwischenzeit haben Sie möglicherweise viel Schaden verursacht.

Falsch gelesen, könnten Sie den richtigen Menschen misstraut und den falschen Menschen vertraut haben. Das ist der Grund, warum Sie die korrekten Techniken zum Analysieren von Menschen lernen müssen. Einige der häufigsten Fehler, die wir beim Lesen von Menschen machen, sind:

- **Meinungen erlauben das Urteilsvermögen zu beeinflussen:**

  Erlauben Sie nicht, dass Ihre Vorurteile oder Meinungen Ihr Urteilsvermögen beeinträchtigen. Ein guter Menschen-Leser hat keine Voreingenommenheit. Er stellt sie beiseite, um sein Gegenüber kritisch zu betrachten. Vergessen Sie das Mitgefühl, Mitleid oder Verständnis, das Sie fühlen und erlauben Sie diesen Gefühlen nicht, Ihre Schlussfolgerungen zu beeinflussen. Eine häufige Annahme ist, Sie hätten gar keine Vorurteile. Allein dadurch nehmen Sie Ihre Vorurteile eventuell gar nicht erst wahr. Wenn Sie voreingenommen sind, lesen sie mitunter zu viel in kleine Dinge hinein. Eine einfache Geste könnte Sie dann bereits aufscheuchen. Analysieren Sie Menschen also möglichst unvoreingenommen.

- **Zu viel auf Augenkontakt vertrauen:**

  Eine der frühesten Methoden, um Lügner oder Täuschungen aufzudecken, bestand darin, Menschen beim Sprechen in die Augen zu sehen. Dies sollte ihnen Unbehagen bereiten und sie zu einem Geständnis bringen oder sie unfähig machen weiter zu sprechen. Während diese Technik oft funktioniert, ist sie jedoch nicht hundertprozentig zuverlässig. Auch ein ehrlicher Mensch kann Ihnen mitunter nicht in die Augen schauen aus Gründen wie geringem Selbstbewusstsein oder Einschüchterung. Viele betrügerische Menschen haben es gelernt, direkten Blicken in die Augen standzuhalten. Während Augenkontakt ein zuverlässiger Wegweiser sein kann, sollte ihr Urteil jedoch nicht ausschließlich darauf basieren.

- **Ignorieren von Sinnzusammenhang und einzelnen Zeichen:**

Sie können eine Geste nicht außerhalb des Sinnzusammenhanges, in dem sie stattfindet, beurteilen. Gefaltete Arme deuten nicht auf Trotz hin, wenn es draußen wirklich kalt ist. Schnelles Blinzeln der Augenlider in einem sehr hell beleuchteten Raum bedeutet nicht Unbehagen oder mangelndes Interesse. Berücksichtigen Sie immer die umgebenen Faktoren, bevor Sie zu einer Schlussfolgerung kommen. Machen Sie auch nicht den Fehler, einen einzelnen Faktor als ausreichendes Kriterium für eine Entscheidung zu betrachten. Suchen Sie stattdessen nach einer Reihe ähnlicher Gesten, die alle auf dasselbe verweisen.

- **Die Stimme hören und den Tonfall überhören:**

Achten Sie nicht so sehr auf die Worte, die gesagt werden, dass Sie den Tonfall überhören, in dem sie gesagt werden. Der Ton ist die Nachricht: Die Worte transportieren die Nachricht lediglich. Treffen Sie sich nach Möglichkeit immer persönlich, anstatt nur Nachrichten oder E-Mails auszutauschen. Wenn Sie sich nicht persönlich treffen können, greifen Sie wenigstens zum Telefon.

7.6 Menschen lesen - Eine machtvolle Fähigkeit

Das Analysieren von Menschen ist eine Kunst und eine Wissenschaft zugleich. Für die meisten Menschen existieren Charaktere wie Holmes und Dupin nur in der Fiktion. Die einfache Wahrheit ist jedoch, dass jeder Mensch mit den Werkzeugen ausgestattet ist, die er braucht, um mehr als nur eine flüchtige Einschätzung anderer Menschen vorzunehmen. Dinge über das Offensichtliche hinaus erkennen zu können, ist eine wichtige Fähigkeit, die jeder Mensch anstreben sollte.

Die meisten Menschen glauben, dass die Idee, andere Menschen zu analysieren, zu aufwendig, vage oder schwierig ist, aber in Wahrheit braucht es nur ein wenig Übung und es ist ganz leicht. Wie LaRae Quy, ein FBI-Ermittler mit über zwei Jahrzehnten Erfahrung im Verhör, es ausdrückt: „Sie müssen kein erstklassiger Vernehmer sein, um herauszufinden, was in einem Kopf vor sich geht. Die Signale sind immer da - alles, was Sie tun müssen, ist zu wissen, wonach Sie Ausschau halten müssen."

Wenn Sie nach noch einem anderen Grund suchen, warum das Lernen, Menschen zu analysieren, von größter Wichtigkeit ist, lassen Sie sich hiervon leiten: „Nach umfangreichen Studien kam das MIT Media Lab zu dem Schluss, dass es das Ergebnis von Verhandlungen, telefonischen Verkaufsgesprächen und Businessplan-Präsentationen mit einer Genauigkeit von 87 Prozent vorhersagen kann, nur durch Analysieren der Körpersprache der Teilnehmer, ohne ein einziges Wort des Inhalts zu hören.“ Die Trefferquote von 87 % spricht für sich!

Beim Lesen von Menschen geht es darum, zu beobachten und zu schlussfolgern, während sie den Zusammenhang berücksichtigen. Wir lassen immer Hinweise durchscheinen, selbst wenn wir gezielt daran arbeiten, dies nicht zu tun. Unsere Körpersprache ist ein Spiegel, der zeigt, was in uns vorgeht.

Das Beste an der Körpersprache ist, dass sie kaum gefälscht werden kann. Lernen Sie, die verschiedenen Körpergesten zu erkennen und was sie andeuten können. Entwickeln Sie Ihr siebenundvierzigstes Chromosom: das „Menschen-lesen-Chromosom“. Achten Sie weniger darauf, was die Menschen Ihnen mit ihren Worten zu sagen versuchen, und richten Sie mehr, oder wenigstens die gleiche Aufmerksamkeit auf das, was der Körper Ihnen zu sagen versucht.

Dies ist der eine sicherste Weg, Täuschungen zu vermeiden und auf die folgenden möglichen Handlungen vorbereitet zu sein. Ja, Sie können vielleicht nicht immer ganz richtig beurteilen, was Menschen tun werden, aber wenn Sie die einzigartigen Techniken anwenden, die ich Ihnen beigebracht habe, können Sie lernen, Ihren Fehlerspielraum zu minimieren. Hören Sie Menschen weiterhin zu, aber beginnen Sie auch, sie zu lesen und zu analysieren.

8 Manipulation und die Welt der Gerüche

Selbst aufmerksamen Lesern dieses Ratgebers ist an dieser Stelle sehr wahrscheinlich noch nichts Besonderes aufgefallen. Wenn ich nun verrate, worum es geht, wird sich immer noch niemand wirklich wundern. Ganz einfach. Wir Menschen sind es gewöhnt, Informationen hauptsächlich über die Augen und über die Ohren aufzunehmen. Im Kino oder vor dem Fernsehen ist der Filmgenuss grundsätzlich auf Sicht und Gehör beschränkt. Wenn wir jedoch über Manipulation sprechen und darüber, dass die Manipulation niemandem auffallen darf, dann ist es ein geradezu sträfliches Versäumnis, nicht über Düfte und Gerüche zu sprechen.

Es ist in unserer Sprache tief eingeprägt, dass die Nase weniger wichtig zu sein scheint, als Augen und Ohren. Ist Ihnen schon einmal aufgefallen, wie viele leicht unterschiedliche Ausprägungen beim Sehen ein jeweils eigenes Wort haben? Sehen, schauen, gucken – Oberbegriffe für die ganze Thematik der Sehfähigkeit. Passiv etwas mit den Augen wahrnehmen ist zuschauen, wenn Sie zuschauen mit der Intention, nichts dabei zu übersehen, dann beobachten Sie. Wenn Sie näher herangehen, um auch kleinste Details dessen wahrzunehmen, was Sie beobachten wollen, dann gibt es Begriffe wie besehen, untersuchen, inspizieren. Ähnlich ist es für den Gehörsinn. Das Wort „riechen" unterscheidet dagegen noch nicht einmal, ob man selber den Geruch ausströmt, oder ob man einen existierenden Geruch wahrnimmt. In der englischen Sprache ist es übrigens auch so. Man kann noch schnüffeln – ein Wort, dass leider durch Rauschmittelmissbrauch negativ konnotiert ist – oder etwas beschnuppern. Damit ist das Vokabular ausgereizt.

Wie wichtig Gerüche für Menschen sind, wird uns kurioserweise nur durch die Werbung vor Augen geführt. In Ladengeschäften oder auch in Hotels werden aus versteckten Luftdüsen Duftstoffe verströmt, die entweder ein allgemeines Wohlfühlaroma verbreiten, oder aber gezielt Kaufanreize liefern sollen. Deutschland ist in dieser Entwicklung noch ziemlich unbefleckt. Zwar gibt es seit Jahrzehnten immer wieder Versuche, sich Gerüche gezielt für die Beeinflussung des Kaufverhaltens der Kundschaft einzusetzen, verbreitet hat sich die Methode jedoch noch nicht. Überhaupt werden nur wenige Produkte mit Gerüchen gezielt in Verbindung gebracht. Wer zum Beispiel das Werbefernsehen betrachtet, wird – von Kosmetikprodukten abgesehen – nicht auf Duft oder Geruch eines Produktes hingewiesen, wovon Tee oder Kaffee eine seltene Ausnahme bilden.

In einigen Ländern dieser Welt sieht das völlig anders aus. Dort werden an der Obsttheke gezielte Zitrusaromen über die Klimaanlage verbreitet, in der Abteilung für Süßigkeiten locken Düfte von Karamell und Schokolade. Oder es werden unangenehme Gerüche – zum Beispiel an der Fischtheke – mit angenehmeren Aromen überlagert. Es ist auch nicht so, dass in Deutschland der Aufwand gescheut wird. Sie haben sicherlich in modernen Supermärkten schon beobachtet, dass über Obst und Gemüse ein feiner Sprühnebel aus reinem Wasser verbreitet wird. Dies lässt alle frischen Produkte noch frischer aussehen – wieder Balsam für die Augen. Die natürlichen Gerüche der Früchte werden dadurch aber noch überlagert.

Was zunächst wie ein Nachteil klingt, wollen wir uns aber zunutze machen. Die allgegenwärtige Ignoranz dem Thema Riechen gegenüber öffnet uns alle Türen, hier unterschwellig und unbewusst zu beeinflussen.

Aus dem Tier- und Pflanzenreich wissen wir ja eine ganze Menge über die Bedeutung von Gerüchen, bis hin zu Tieren, die sich in völliger Dunkelheit nur durch Gerüche orientieren, und bis hin zu Gerüchen, die ein Tier mit solcher Kraft zu einer Verhaltensweise nötigen, dass es sich dieser nicht entziehen kann. Man sagt manchen Hai-Arten zum Beispiel nach, schon durch wenige Moleküle des Blutes eines Beutetieres im Wasser einen Weg dorthin geleitet zu bekommen, auch wenn es meilenweit weg ist. Bei vielen Raubtieren erzeugt allein das Vorhandensein von Blutgeruch in der Luft eine Hormonausschüttung und als Folge davon ein gesteigertes Aggressionspotential, das gemeinhin unter dem Begriff „Blutrausch" bekannt ist.

Auch Kinder erkennen in den ersten Stunden oder Tagen nach der Geburt ihre Mutter vor allem am Geruch, den sie ausströmt. Wir müssen uns daher die Frage gefallen lassen, warum wir die Macht von Gerüchen nicht für unsere Zwecke nutzen.

Vielleicht denken Sie jetzt an die Werbebotschaften zwielichtiger Händler, bei denen man Sexuallockstoffe beziehen kann. Die Vorstellung, sich mit einem synthetischen Duft einzusprühen, der dazu führt, dass Männer oder Frauen sofort zur Paarung schreiten wollen, sobald sie diesen in die Nase bekommen – diese Vorstellung hat Menschen schon seit jeher fasziniert. Vor allem Männer waren von diesem Gedanken besonders angetan. Wir können diese Vorstellungen nicht völlig als Ammenmärchen abtun, denn diese Sexuallockstoffe, Pheromone genannt, spielen im Tierreich eine große Rolle. Es gibt Beispiele von Tieren, die jegliche Selbstkontrolle verlieren und nur noch die Paarung suchen, wenn deren Rezeptoren solche Pheromone wahrnehmen. Dass dies auch bei Menschen funktionieren kann, ist deshalb nicht völlig abwegig.

Hier sind wir beim grundlegenden Problem angelangt, was das Thema Gerüche betrifft. Beim modernen Menschen ist das Thema Geruchssinn einfach von Kindheit auf unterdrückt. Zum einen – wir nannten es eingangs – bieten unsere hauptsächlichen Input-Medien keine geruchlichen Eindrücke. Zum anderen wird aber auch von Mensch zu Mensch nur sehr wenig über Gerüche gesprochen. Wenn Sie von einem Ihrer Mitmenschen eine Idee präsentiert bekommen, die Sie gut finden, dann mag Ihr Urteil lauten: „das sieht gut aus“ oder „das hört sich gut an“ – vielleicht würden Sie sogar sagen „das fühlt sich gut an“. Aber „das schmeichelt meiner Nase“ oder einfach nur ganz simpel „das riecht gut“ – dieses Urteil hören oder sagen Sie nur in der Küche oder im Weinkeller.

Man könnte also sagen, wir Menschen besitzen immer noch das Riechorgan, mit dem wir Gerüche wahrzunehmen in der Lage sind, aber wir sind durch gesellschaftliche Normen und die Kinderstube dazu erzogen worden, diese zu ignorieren.

Also fassen wir zusammen: Den wunderbaren Duftstoff, der uns alle Wünsche bei unserem Gegenüber erfüllt, der existiert in dieser Form nicht. Dennoch wissen wir aus der Erfahrung, dass auf einer unbewussten Ebene die Geruchswelt unser Verhalten beeinflusst. Aus Untersuchungen ist zum Beispiel bekannt, dass Frauen zu bestimmten Zeitpunkten innerhalb ihres natürlichen Zyklus einen besonders ausgeprägten Geruchssinn haben, und dass sie auch dazu tendieren, während der Schwangerschaft Gerüche anders wahrzunehmen. Die Hinweise sind also da, die uns sagen, dass auch der moderne Mensch auf Gerüche unbewusst reagiert.

Die allgemeine Ignoranz, die dem Thema Gerüche entgegenschlägt, lässt sich zu unserem Vorteil nutzen. Da in der öffentlichen Diskussion niemand über die Geruchswelt spricht, rechnet auch niemand damit, durch Gerüche manipuliert zu werden. Die Branche der Parfümiere versucht, aus diesem Umstand Kapital zu schlagen, aber dies gelingt nur so gut, wie die Anwender der Duftwässer auch deren Gebrauch verstanden haben.

Sind uns nicht allen schon häufig Menschen gegenübergestanden, denen wir nicht aus dem Weg gehen konnten? Im Gewühl im Kaufhaus, im überfüllten Bus oder in der Bar? Wir waren gezwungen, deren Geruch einzuatmen. Und regelmäßig begegnen uns Menschen, die so flächendeckend parfümiert sind, dass wir gar nicht sagen könnten, wie dieser Mensch eigentlich riecht, auch wenn wir uns nur auf diesen einen Aspekt konzentrieren würden. Dies sind Beispiele des falschen Umgangs mit Parfüms. Allerdings müssen wir uns, um dies wirklich richtig zu machen, auf eher unkonventionelles Terrain begeben.

Sehr schön und plastisch ist uns dies im Buch „Das Parfum" von Patrick Süskind aus dem Jahre 1985 beschrieben worden. Der Antagonist, Jean-Baptiste Grenouille, wird als ein Mensch beschrieben, der einen unbestechlichen Geruchssinn besitzt – aber mehr noch: er verfügt über die Fähigkeit, jeden Geruch als Erinnerung zu speichern, und er weiß zudem zielsicher, aus welchen Grundstoffen auch komplexeste Gerüche zusammengesetzt sind. Eine weitere Eigenschaft Grenouilles wird regelmäßig vernachlässigt, obwohl diese zu zwei Schlüsselszenen im Buch führt. In der Eröffnungsszene wird er von seiner Amme verstoßen, weil er keinen eigenen Körpergeruch besitzt. In einer weiteren Szene erlebt er zum ersten Mal, von seinen Mitmenschen wahrgenommen und akzeptiert zu werden, nachdem er sich aus Rattenkot und vergammeltem Käse in Verbindung mit anderen Zutaten einen Duftstoff mixt, der ihn wie einen normalen, leicht parfümierten Menschen riechen lässt.

Genau so müssten wir mit Parfüms umgehen, wenn wir sie wirklich zu unserem Zweck einsetzen wollten. Wir müssten uns mit neutraler Seife waschen und dann zu einem Parfümier gehen, der an unseren Haaren, unseren Achselhöhlen und hinter unseren Ohren schnüffelt – wir sparen andere Körperpartien hier aus – und dann entscheidet, welcher Duft unseren natürlichen Geruch in perfekter Weise vervollständigt, um den Grenouille-Effekt zu erzeugen.

Wie Sie dies jetzt umsetzen wollen, dann müssen Sie einen eigenen Weg finden, es sei denn, Sie stehen mit Ihrem Parfümier auf so gutem Fuße, dass er sich auf diese Herangehensweise einlässt. Aber lassen Sie sich den Tipp geben: An dem Tag, an dem Sie sich für „Ihren" Duft beraten lassen wollen, nehmen Sie sich frisch gewaschene Wäsche und lassen Sie diese für einige Tage auf der Leine hängen, damit die Duftstoffe aus Waschmittel und Weichspüler verfliegen können, und waschen Sie sich mit unparfümierter Seife. Ihr Kosmetikberater wird, wenn er sein Fach versteht, Ihnen daraufhin einige Düfte präsentieren können, die wirklich gut zu Ihnen passen. Wenn sich deren Magie entfaltet, werden Sie merken, dass Sie von Ihren Mitmenschen intensiver wahr- und auch ernstgenommen werden. Auch Freundschaften, sogar intime Beziehungen, werden so auf der unbewussten Ebene gefördert.

Sie werden durch den perfekten Geruch kein Pokerspiel gewinnen und auch nicht zwangsläufig in Verhandlungsgesprächen erfolgreicher sein. Auf der unbewussten Ebene werden Sie aber dauernd punkten. Da in diesem Ratgeber immer wieder darauf hingewiesen wird, dass Manipulation am besten unterschwellig funktioniert – und am effektivsten als eine Kombination verschiedener Methoden – gibt es ab jetzt für Sie keine Entschuldigung mehr, sich nicht einmal intensiv mit dem Thema Geruchssinn auseinanderzusetzen.

Vielleicht verzweifeln Sie gerade, weil Sie gar keinen Parfümier in Ihrer Stadt haben – oder ganz ehrlich, weil ein teures Parfüm für den täglichen Gebrauch für Sie nicht in Frage kommt. Sie können Sich aber auch so einen zählbaren Vorteil Ihren Mitmenschen gegenüber verschaffen. Wieder ist die Ignoranz der modernen Gesellschaft gegenüber der Geruchswelt Ihr Helfer. Nehmen Sie als Beispiel: Achselschweiß, Atemgeruch, Haartalg oder Schweißfüße werden nur innerhalb sehr enger Freundschaften oder Beziehungen thematisiert. Überall sonst werden sie nach außen hin ignoriert. Die Wahrheit ist aber, dass alle unangenehmen Gerüche unterschwellig wahrgenommen werden, und Ihnen zum Nachteil gereichen.

Keiner von uns ist ein Jean-Baptiste Grenouille. Deshalb nehmen die meisten von uns den eigenen Körpergeruch nicht wahr. Ein großer Teil der Menschen denkt täglich darüber nach, ob die Haare gewaschen werden müssen oder nicht, ob man das Hemd noch einmal anziehen kann (da es ja nicht zerknittert ist), oder ob unsere Verabredung die vorher genossene Zwiebelpizza wirklich wahrnehmen wird. Jeder Mensch kann zumindest vermeiden, sich durch unangenehme Gerüche schon beim Beginn einer sich anbahnenden Beziehung oder Freundschaft selber ein Bein zu stellen.

Dabei sind nicht alle potentiellen Störgerüche gleichermaßen leicht zu verhindern. Natürlich kann stechender Achselgeruch durch frische Kleidung und einen Gang unter die Brause mit anschließender Deoschicht wirksam verhindert werden – aber schon beim Thema Mundgeruch muss zuallererst klar sein, woher dieser überhaupt rührt. Magen? Hals und Rachen? Zähne oder Mundraum? Zähne putzen ist einfach, die Ernährung grundlegend umzustellen ist eher umständlich. Aber wir haben immer alle Mittel in der Hand, etwas zum Guten zu verändern.

Der erste Schritt ist immer, sich des unangenehmen Themas bewusst zu sein.

Auch Parfüms sind ein Helfer, auch wenn Sie nicht die Gelegenheit haben, Ihren persönlichen, perfekten Duft im Laden zu kaufen. Zu jeder Zeit gab es allgemeine Allround-Düfte, die immer passen. In den Achtzigern war das der Herrenduft von Karl Lagerfeld oder „Trésor" von Lancôme, in den Neunzigern waren es die Düfte von Joop. Im neuen Jahrtausend ist „Night Blue" von Dolce & Gabbana für Frauen der Duft, der immer funktioniert. Neben diesen bekanntesten Duftnoten sind viele weitere Allround-Düfte im Handel erhältlich. Wenn Sie also Haar- und Körperpflege mit frischer Kleidung und einem sehr schwach dosierten Allround-Parfüm kombinieren, haben Sie sich einen großen Vorteil gegenüber der restlichen Menschheit verschafft.

Damit für Sie im Umgang mit Ihren Mitmenschen vom ersten Augenblick an die „Chemie stimmt" – hier die wichtigsten Merksätze beim Thema Geruchswelt:

- Befassen Sie sich gedanklich mit Gerüchen! Was von der breiten Masse ignoriert wird, kann für Sie zum Vorteil werden.
- Denken Sie bei der Körperhygiene nicht nur daran, dass zu wenig davon Ihrem Einflussbereich schadet – auch das „zu viel" wird andere Menschen eher fernhalten als anziehen.
- Lassen Sie sich beraten (erster Teil)! Kennen Sie Ihren eigenen Geruch? Lassen Sie sich gnadenlos von einem vertrauten Menschen mitteilen, wenn etwas an Ihnen unangenehm riecht.

- Lassen Sie sich beraten (zweiter Teil)! Die beste Duftserie ist nicht diejenige, die Ihnen am besten gefällt, sondern die Ihren Mitmenschen schmeckt. Diese kann Ihnen nur ein wirklicher Profi effektiv empfehlen.

o

9 Manipulation „To Go“

Manipulation hat immer zwei Gesichter. Auf der einen Seite versuchen wir, unser Gegenüber in eine bestimmte Richtung zu dirigieren, auf der anderen Seite versucht sich jeder stets selbst vor Manipulationen schützen. Je effizienter Ihre Manipulation ist, desto schwieriger ist es, sich davor zu schützen. Wenn Sie sich mit einem kräftigen Händedruck bei Ihrem Gesprächspartner als resoluter Mensch ins Gedächtnis rütteln wollen, möchten Sie natürlich vermeiden, dass Ihr Gegenüber sofort merkt, dass Sie gerade ein Buch über Manipulationstechniken lesen.

Ich gebe Ihnen die ganze Welt der Manipulation in zehn Schritten mit auf den Weg, damit Sie sich Schritt für Schritt an Ihre neue Handlungsweise gewöhnen können.

1. **Halten Sie sich immer vor Augen:** Wie würden Sie reagieren, wenn Ihr gegenüber gerade die Tricks anwendet, die Sie sich selber mühsam beigebracht haben? Damit das nicht umgekehrt passieren kann, ist es wichtig, dass Ihr Verhalten nicht wie eine Sammlung an Tricks rüberkommt. Die wichtigste Regel ist also immer: erst wenn Ihr Verhalten ein Teil von Ihnen geworden ist, kann es nicht mehr als Trick entlarvt werden! Seien Sie also bei allem, was Sie hier gelernt haben, immer Sie selbst.

2. **Es gibt keine zweite Chance für den ersten Eindruck.** Positivität ist immer der beste Weg, einen Menschen zu führen. Der erste Eindruck kann dabei sehr viel kaputtmachen und Türen schließen, wenn er nicht gut ist. Achten Sie immer auf ein gepflegtes Äußeres, ordentliche Kleidung und Schuhe, eine gewinnende und offene Körperhaltung und ein sympathisches,

natürliches Lächeln. Tun Sie dies übrigens zu jeder Zeit, auch zuhause, und auch wenn Sie alleine sind. Nur wenn Sie diese Wesensart gewohnt sind und regelmäßig leben, wird sie von Menschen als authentisch akzeptiert werden. Über Ihre Wirkung werden Sie übrigens nie Feedback erhalten, denn die Reaktionen darauf laufen immer unbewusst ab.

3. **Üben, üben, üben!** Stellen Sie sich vor, Sie wollen in der Geschäftswelt einen Menschen für sich gewinnen. Und jetzt achten Sie gleichzeitig auf Stimmhöhe und Sprechgeschwindigkeit, auch auf die Sprechlautstärke und die Satzmelodie. Sie konzentrieren Sich auf Mimik und Blickkontakt, achten auf Ihre Atemfrequenz, die Atemtiefe, auch auf störende Angewohnheiten wie Räuspern, Gähnen, Husten. Und dazu kommt noch Körperhaltung, Bewegung, Gestik, Worte, sprachliche Besonderheiten, Fachbegriffe, Fröhlichkeit, Nachdenklichkeit, Steifheit, Eloquenz... und nun wetten wir, Sie waren schon nach der zweiten Zeile der aufgezählten Begriffe überfordert.

4. **Gewöhnen Sie sich daran, ein Manipulator zu sein.** Seien Sie ein selbstbewusster Manipulator. Es mögen Ihnen viele Mitmenschen erzählen, wie schlecht und böse es ist, zu manipulieren. Andere mögen einen ganzen Sack voll Gründe dafür haben, weshalb es nicht böse ist. Pfeifen Sie darauf. Entscheiden Sie selbst, und warum Sie manipulieren wollen – die wichtigsten Aspeket sind, dass Sie niemandem tatsächlichen Schaden zufügen und es letztlich auch funktioniert.

5. In der Kindererziehung lernen Eltern, ihre Kinder nicht zu kritisieren, sondern nur das, was sie tun – also die Handlung, aber nicht den Menschen. Im Umgang mit Erwachsenen können wir uns dies zu Nutze machen. Verwenden wir viele Hauptwörter in unserer Sprache, lenkt das die Gedanken des Gegenübers unbewusst darauf, wer oder was sie selber sind. Genauso wirkt auch die Verwendung von Verben: Der Gesprächspartner wird darauf gestoßen, was er tut – auch wieder unbewusst. Hauptwörter sind stärker, denn ein Mensch, der sich klein fühlt, ist leichter zu lenken, als einer, der sein Handeln kritisch betrachtet.

6. Überwältige den Gesprächspartner. Dieser Trick gelingt Schnellsprechern genauso, wie wandelnden Fremdwörter-Datenbanken, aber auch wirklich kompetenten Menschen. Mit vielen Worten, passenden Fachbegriffen oder komplexen Gedankenkonstrukten kann man einen Menschen schnell ermüden. Weil sie nicht alles – oder gar nichts – verstanden haben, stimmen sie irgendwann zu. Warum? Weil der Stolz ihnen verbietet, das Nicht-Verstehen zuzugeben.

7. Der Matrix-Trick – ändern Sie die Perspektiven. Das älteste Beispiel ist das vom halbvollen beziehungsweise halbleeren Glas. Es ist ein und dasselbe, nur aus verschiedenen Winkeln betrachtet. Ein ungepflegter Garten ist für die einen ein Haufen Arbeit, der vor ihnen liegt – für Sie aber eine Spielwiese mit allen Freiheiten für die eigene Gestaltung. Ein Gebrauchtwagen aus einer Zeit, in der das Auto dem Fahrer noch nicht befohlen hat, dass er sich anschnallen soll, klingt attraktiver, als „über 15 Jahre alt“. Oder was würde Sie an einer neuen Bekanntschaft mehr beeindrucken: dass ihm seine Mutter immer noch die Haare schneidet, oder dass er exklusiven Service bei einer Hairstylistin aus der Verwandtschaft genießt? Sie sehen, dass es einfach ist, eine eher negative Sache positiv erscheinen zu lassen, in dem Sie die Perspektive, den Blickwinkel bestimmen.

8. Nutzen Sie Kenntnisse über Ihr Gegenüber aus. Wenn Sie wissen, welche Einstellung Ihr Gesprächspartner hat, können Sie darauf spielen, wie auf einem Musikinstrument. Nehmen wir als aktuelles Beispiel Fahrverbote für Diesel-PKW – ein Thema, dem Sie vehement entgegenstehen. Dem konservativen Geschäftsmann gegenüber können sie leicht argumentieren: Fahrverbot macht PKW unattraktiver und lähmt einen wichtigen Wirtschaftszweig. Wissen Sie von Ihrem Gegenüber stattdessen, dass es ein erklärter Familienmensch ist, dann argumentieren Sie andersherum: Zehn Minuten, die ein Mensch auf dem Weg zur Arbeit nach dem Fahrverbot länger benötigt, sind zehn Minuten, die ihm an Zeit mit Kindern und Familie fehlen. Dem modernen Gutmenschen gegenüber argumentieren Sie, dass die dank Fahrverbot verkehrsberuhigten Straßen auf die Mietpreise der anliegenden Häuser Einfluss haben werden. Dass auf dem Rücken der Arbeitnehmer sich die Wohnungseigentümer die sprichwörtliche goldene Nase verdienen. Wichtig ist: nennen Sie jeden dieser Punkte nonchalant als Ihre eigene Überzeugung.

9. Emotion wirkt besser als Logik. Wenn Menschen nur logisch wären, dann gäbe es wenige Meinungsverschiedenheiten. Dann wären – dies wieder als Beispiel – diejenigen, die profitieren, für den Austritt Großbritanniens aus der EU, und diejenigen, denen es schadet, die wären dagegen. Aber keine Diskussion würde daran etwas ändern.

Deswegen schüren die Politiker und die Presseleute vor allem Angst oder Hoffnung. Auch die Erwartung von kommendem Wohlstand – nichts anderes als Habgier – kann jede logische Betrachtung überschreiben. Spielen Sie auf diesen Emotionen.

10. Erst den Kunden behandeln, dann das Problem.

Es gibt Menschen, die haben einfach die Lebenserfahrung, dank derer sie nicht leicht manipuliert werden können. Andere sind von Natur aus misstrauisch. Diese Menschen werden leichter lenkbar, wenn sie Sie mögen. Haben sie öfter mit ihnen zu tun, im Beruf oder im Privatleben, dann tun Sie ihnen regelmäßig kleine Gefallen. Wenn dann die Zeit kommt, in der Sie einen Zugang zu diesem Menschen benötigen, dann stehen Sie dank dieser kleinen Gefälligkeiten bereits in gutem Ansehen und genießen unbewusst auch großes Vertrauen.

Eine abschließende Regel für alles lautet:

Beginnen Sie eine Aufzählung immer mit etwas Positivem und beenden Sie sie mit etwas Positivem. So bleibt die ganze Aufzählung als etwas Positives im Gedächtnis. So wie diese zehn Punkte.

o

10 Letzte Worte

Ich wünsche mir, dass dieser Ratgeber ein Mehrwert für Sie ist und Ihnen erfolgreich aufgezeigt hat, wie Sie Manipulation geschickt einsetzen können, um an Ihre Ziele zu gelangen. Die vorgestellten Methoden können bei allen tagtäglichen Gegebenheiten Anwendung finden - ob im Bewerbungsgespräch oder bei der Gehaltserhöhung, ob beim Dating oder um Freundschaften zu schließen. Zudem können Sie Manipulation künftig einfacher durchschauen und anschließend abwehren.

Achten Sie darauf, dass alle Methoden, die ich Ihnen mit diesem Ratgeber gezeigt haben, eine Wirkung entfalten. Ein freundlicher Gesichtsausdruck, eine offene Körperhaltung und einladende Gestik sind immer passend.

Versuchen Sie Ihr Glück mit ein bisschen Übung an moralisch unbedenklichen Kleinigkeiten. Beachten Sie dabei allerdings, dass dieser Ratgeber nicht dazu dienen soll, gravierend in das Leben anderer Personen einzudringen und ernsthafte Schäden zu hinterlassen. Dieses Buch möchte Ihnen ausschließlich kleine Hilfestellungen geben, um Ihre Ziele gekonnt verfolgen und umsetzen zu können.

Noch ein kleiner Hinweis an dieser Stelle:

In meinen Ratgebern über die verschiedensten Lebenslagen recherchiere ich ausgiebig und lasse Sie an meinen langjährigen Erfahrungen teilhaben, um Ihnen möglichst viele neue Methoden, Gesichtspunkte und Kniffe zu zeigen, mit denen Sie mindestens Ihren Horizont erweitern, in vielen Fällen aber auch ganz konkret als Gewinner aus verschiedenen Situationen hervorgehen. Ich kann nicht dafür garantieren, das jeder dieser Punkte für Sie neu ist, ich bin aber überzeugt, dass auch nur ein einziger hilfreicher Tipp, der Ihr Leben verbessert, es schon wert ist, dieses Buch gelesen zu haben. Selbst, wenn das nicht der Fall ist, dann kennen Sie sicherlich einen geschätzten Mitmenschen, dem dieser Ratgeber hilfreich sein kann. Geben Sie ihn daher gerne weiter!

Viel Erfolg!

Herzlichst,

Ihr Florian Thiem

37074940R00063

Printed in Poland
by Amazon Fulfillment
Poland Sp. z o.o., Wrocław